Contemporary Classics

今こそ名著

風姿花伝

創造とイノベーション

世阿弥

道添進◎編訳

日本能率協会マネジメントセンター

はじめに

花の姿をした秘伝を伝える書。ざっくりタイトルを訳してみれば、そんなところだろうか。あっさりと「おもしろさ」や「めずらしさ」と言ってしまいそうなところを、よくぞ世阿弥は「花」と呼んだものだと感心せずにはいられない。『風姿花伝』は、いかにして美しい芸の花を咲かせ続けるかを語った本である。

現代語訳をはじめてしばらくたったあたりから、不思議な体験をするようになった。映画を観たり、音楽を聴いたりしている時、ふと、気が付くと「花」を探しているのである。今のこの部分が作品の花なのだろうか。さっき咲いていた花が消えたと思ったら、また別の花が咲き始めた、といったふうだ。

そのクセはエンターテインメントを楽しんでいるときだけではおさまらず、たとえば打ち合わせの時、相手の方のお話に「おや、今、花が咲いたようだ」と感じられることがしばしばあって、そういう時は決まって相手の話に引き込まれていた。

また、プレゼンテーションを聞いていて、「そうだよなあ、それで悩んでいるんだ」とヒザを叩きたくなる場面では、「ああ、これも、もしかして花なのかなあ」と思ったりしたものだ。

つきあいの席で、さっきまでとは違って酒が美味しく感じる瞬間が何度かやってくることはないだろうか。それも花が咲いている時なのだと、今では思うことにしている。世の中にはいたるところで花を上手に咲かせる人がいて、人生をおもしろく、またおもしろくしてくれるのである。

この『風姿花伝』は、そのような花を見つけることもさることながら、自分で咲かせてみようというのがもともとのテーマだ。その奥義に触れるのは、並大抵のことではないだろうなあと思うかもしれないが、これが案外、そうでもないのだ。

まずは、名言探しから始めることをおすすめしたい。「秘すれば花」「初心わすれるべからず」「序破急」など、どこかで聞いたことがあるフレーズを、この『風姿花伝』でたくさん見つけることだろう。そして、見つけたら、その言葉そのものを味わってみていただきたい。

さらにはそうした言葉を、ふだんの仕事や生活の中で意識してみること。そうして誰かに語りかけたり、文章をしたためたりしているうち次第に創造性が育まれ、やがてイノベーションの花が咲くことだろう。

風姿花伝　創造とイノベーション

第3部 『風姿花伝』に学ぶ、創造とイノベーションとは 185

第1部

名著『風姿花伝』とは

1 今読みなおされるべき名著

●能と縁遠い人も読む指南書

たった一人の跡継ぎのために記された秘伝書、それが『風姿花伝』だ。それから620年経った今、能芸に携わる人だけでなく、たくさんの人が読んでいることを知ったら、世阿弥《ぜあみ》はさぞかし驚くことだろう。芸道に一途に励む者以外はコンフィデンシャルである、と念を押したにもかかわらずだ。

世阿弥は室町時代の能役者で、父の観阿弥《かんあみ》とともに現代の能の形を完成させたと言われている。ことに世阿弥は生涯をかけて能を舞台芸能にふさわしいクオリティへと高めていった。その能に対する真剣な姿勢は、舞台だけでなく、たくさんの名著を生んだ。

とりわけこの『風姿花伝』は、世阿弥の能芸人生の中の絶頂期に書かれ、たくさんの名言が記されていることで知られる。とはいえ、秘伝書であるから、長い間一般の人には触れなかった。ようやく明治期に入って『花伝書』という名前で紹介され、多くの人が手にするようになったという。

『風姿花伝』は、芸術にふれる際の目のつけどころを指南してくれるだけではない。ビジネスの場面で効果的に語りかけるヒントを得る人もいる。どんなふうに組織を経営したり、人を育てていったらいいのかを読み取る人もいる。さらには事業の後継者を選ぶ際のアドバイスを得ようとする人もいて、ずいぶんと読者の裾野が広いのである。

●世界最古のビジネス書

どうしてこのような本を世阿弥は書くことができたのか。それを探るには、時代背景から入ったほうがよさそうだ。教科書でもおなじみの観阿弥と世阿弥は、室町時代の前期から中頃にかけて活躍した。この時代は新しいエンターテインメントを後押しするような空気感が満ち始めていた。

それまで、貴族など限られた人々のサロン的な場で演じられていた芸能が、庶民たちが入場料を払って舞台を観るという開かれた表現の場を持つようになっていった。

猿楽《さるがく》と呼ばれていた能も、それまでは神社やお寺の行事の一環として、地道だけれど安定した活動の場があった。だが時代は、そんな村落共同体の行事から、都市型の商業的興業へとシフトしていった。

そこで決め手となるのは地縁でも既得権でもなく、人気というあやふやなものだ。不特定多数の庶民が喝采を送り、やがて貴族や将軍の目にとまるというキャリアの花道ができつつあった。

演目、つまりコンテンツについても見直す必要があった。足利将軍をはじめとする貴人や文化人にどうすれば能が受け入れられるだろうかというマーケティングを、世阿弥はしっかりと行った。

そして、それまでおもに寺社で演じてきた祭礼を中心としたものから、貴人たちが愛好した文学や和歌の世界へとシフトし、一層幽玄な世界を追い求めることが大事だと気づいたのである。

このように人気次第でビッグにもなれるが、今まで経験したことのなかった競争の時代を迎えることになった。ライバルの一座との競演にも勝っていかなければならない。そこに場の雰囲気や、勝利の神の居所を読んで戦術を凝らす。

また、歌道や華道と違って演劇は集団芸能だ。一座をどうやって統率し、経営していくかというリーダーシップが問われた。

そんななか、世阿弥は二十歳そこそこで一座の長という重役を背負いながら人気を高め、三十代後半には絵に描いたようなサクセスストーリーを現実のものにしてしまう。

そのときに書かれたのが、この『風姿花伝』だった。シェイクスピアが活躍するより二世紀も前の時代のことで、世界最古の演劇論である。と同時に、世界最古のビジネス書と言われるのは、能の世界を生き抜いていく珠玉の言葉がたくさんちりばめられているからに他ならない。それが時代を超えても変わることのない真実として、私たちに響いてくるのだろう。

●Biz ワザの読み取り方

『風姿花伝』は序に続く七つの巻からなる。はじめの三巻までが最初に書かれ、順次書き加えられていったものと言われる。

各巻ともほどよいボリュームで、やさしい大和言葉で記されているので読みやすい。そうしたアプローチのしやすさが、現代の人々に親しまれる理由の一つだろう。

では、各巻のざっくりとした内容を挙げ、今の私たちがどう読んでみると「おもしろく」また、「めずらしく」感じることができるかを見てみたい。

●序——斯道を極めるために

導入部分にふさわしく、能の由来とその歩みがコンパクトにまとめられている。ビジネスの視点から見るなら、なぜ今の仕事があるのかという、いわば創業の理念として捉えるとおもしろいだろう。

そして、好色、博打、大酒の三つは、芸の精進のうえで大罪であると締めている。この三つをうまくくぐり抜けた人だけがのちのち大成するというのは、斯道《しどう》もビジネスの世界も同じようだ。

●第一年来稽古条々——年齢に応じた学び

人生を七つのステージに分け、その時期ごとにどんな花を咲かせるとよいかを示している。壮年の頃までに名声を築かなければ、その後はけっこうきついと述べているけれども、それぞれの人生のステージで咲かせたい花はちゃんとあるとフォローしている。

人はいくつになっても成長できるとも読めるかもしれない。

●第二物学条々――模倣と創造

能のストーリーには、さまざまな身分や職業の人物が登場する。中には憑《つ》き物に憑かれた人や、異人、さらには鬼や神など誰も見たことがないものまで演じなければならない。この巻は、そうした人物をいかにそれらしくまねるかということをしるした、ものまねの手引きである。

とても具体的にわかりやすくガイドしていると同時に、似せるだけ似せてもおもしろくなければつまらない。おもしろくするにはどうするかというところまで掘り下げている。

能は、謡と物語と踊りが一体となった舞台芸術だ。その瞬間に全力を傾けること。それはまさにマインドフルネスの世界だ。戦国時代の武将たちが能を愛したのは、このあたかも今が命のやりとりをする切所《せっしょ》だというような集中力に魅せられたからだという。

そしてまねる対象の本質を見極めることで、よりリアルに、よりおもしろくなる。それは模倣から創造の段階へ移ったことでもある。

●第三問答条々――勝負の心得

Q&A形式で、能の勝負に勝つための戦術を具体的に記している巻だ。現場を彷彿とさせる説得力あるアドバイスが光り、がぜん引き込まれてしまうことだろう。

会場を支配している空気はどうか、相手がどんな演目をぶつけてくるか。繊細さと幽玄さの裏では、まるで格闘技のようなすさまじい気迫の応酬があるのだと知らされ、新鮮ですらある。

観客との関係性、対戦相手との関係性をいつも意識していた世阿弥ならではの視点は、たとえばコンペティションに臨む際など、大きな力となってくれるだろう。

●第四神儀に云わく――原点を問い直す

ここではレジェンドを紐解きながら、「世の中を平和にし、人々の長寿を祝う」という、能がもたらす提供価値を示している。それは世阿弥が折に触れ、立ち返っていた原点なのではないだろうか。

他の芸能文化と同じように、時の権力者のバックアップを受けながら発展していった能だが、どんな時代にあっても権威に媚びなかったと言われる。地獄や怨念のすさまじさを描いても、最後は魂が救済される演劇だった。

自分たちの原点は何か、世の中に何を提供しているのか。人を幸せにするのが能だという姿勢を貫くことができた世阿弥は、この理念をいつも抱いていたに違いない。

●第五奥義に云わく――ターゲットを明確にする

目の肥えた観客を前にして演ずる時と、高尚な演技を理解できない観客を前にして演ずる時とでは、おのずから受ける演目も演技も違ってくる。きょうはどんな観客がメインなのかを見極めて、プログラムを構成すること。また、幽玄な雰囲気を好むのか、動きのある賑やかしさが好きなのか、観客によって表現の仕方にも工夫を凝らすことだという。

それなら、鑑識眼のある一握りの高貴な人々だけをターゲットにするほうがシンプルだと思うかもしれないけれど、それは違うと世阿弥はいう。芸事とは、身分の上下なく皆が一体となる感動を生み出すものである。だから、全国津々浦々、どんな人々にも喝采を送られるような能役者をめざさなくてはいけない。

そのためにこそ演目を増やすよう心がけ、他の流派の良いところもどんどん取り入れようという。それは、父、観阿弥が生涯、貫いた姿勢でもあったという。

●第六花修に云わく——強味を持つ

『古今和歌集』や源平の物語といった古典を題材に、能の作品を書いてみるようすすめている章だ。今なら「映画化決定」にあたるだろう。たくさんの人と共有できるトピックを取り上げて、演劇という形でビジュアル化することを奨励している。

そうした作品をオリジナルとして持つことが、役者としての自信にもつながるし、いざと言う時の頼れる演目になるという。

そのためには自分の長所や短所、そして実力レベルを知ること。そして観客が何を望んでいるかをきちんと把握しておかなければならないという。

●第七別紙口伝——本全体のクレド

この巻は全体のまとめにあたる。能において花とはどういうものか。花をどう咲かせ続けるかということについての結びの章といえる。もしかしたら、ここだけ抜き出してクレド、つまり信条や志を簡潔に記したツールのように、いつも携行してほしいと世阿弥は考えたのではないかと思える内容だ。

たくさんのファンがいる『風姿花伝』で、この巻からの言葉を挙げる人は多い。「男時《おどき》、女《め》時《どき》」「花と、おもしろきと、めづらしきと、これ三つは同じ心なり」「ただ、時に用ゆるをもて花と知るべし」といった印象的な言葉がちりばめられている。

以上、ざっくりと『風姿花伝』全体の構成と、各巻のポイントを記してみた。ただ、読み取り方は千差万別で、むしろ、この本を手にしたあなたが自分で解釈を試みて、暮らしや仕事の中でどう活かすかを問うてみることが大事だろう。そうすることで、あなたにとって本当の「秘伝」が見つかるに違いない。

２ 世阿弥の生涯

●足利将軍の寵児

京都、今熊野の舞台で、ひとりの少年が舞っている。その姿を見て、自らの手でこの芸能を育もうと決心したのは、室町幕府三代将軍の足利義満《あしかがよしみつ》だった。そして義満は、この美少年を一流の役者に押し上げてみせようと思った。

これは世阿弥が十二歳の時のことと言われ、父観阿弥といっしょに初めて大和から京都へ進出した折のことだった。足利義満もまた十七歳という、青年将軍だった。

長く続いた南北朝の争いがようやくおさまった１３６３（正平１８・貞治２）年、世阿弥は伊賀国（三重県）に生まれた。一節には翌年ともされるなど、生没年には諸説ある。幼名は藤若あるいは鬼夜叉、実名は元清、そして通称は三郎だ。父、観阿弥は「観世」という芸名で知られ、そのため世阿弥は観世三郎とも呼ばれた。

観阿弥は天才肌の役者と称賛され、猿楽界ですでに功成り名を遂げていた。世阿弥はいわば二世タレントのポジションだったわけだが、父に劣らず才能に溢れていた。

世阿弥は足利義満をはじめ、義持《よしもち》、義量《よしかず》、義教《よしのり》という四代の将軍の時代を生きた。一身に寵愛を集めた時期もあれば、冷遇された時期もあった。けれども彼は、つねに置かれた環境の中で前に進もうとしたようだ。

世阿弥の才能を見いだした足利義満は、権勢を一手に収める一方で、和歌や連歌、管弦といった貴族文化の振興を図った。そして、自らの山荘があった北山を中心にした北山文化を開花させた。

ちょうどその頃、京の都で注目を集め始めていたのが猿楽だ。義満はこの新しく沸き起こった芸能にも関心を寄せ、大和猿楽の観阿弥とその子世阿弥や、近江猿楽の犬王などを召し出して、活躍する機会を与えた。

とりわけ義満は少年の世阿弥を寵愛し、祇園祭の見物にも同行させるほどだった。さらに、最高の家庭教師を付けた。公家の重鎮で歌道の第一人者だった関白の二条良基《にじょうよしもと》である。

この美しい童が秀でていたのは能だけではなかった。父、観阿弥の英才教育のおかげで、蹴鞠《けまり》や連歌《れんが》も堪能だった。関白良基はそのあふれる才を褒め称え、「藤若」という名を与えたことは有名なエピソードだ。

良基が属していた二条家は、藤原氏の中でも名家とされる五摂家《ごせっけ》の一つだ。その当主ともいえる良基から「藤」の名をもらったことは、世阿弥にとって大変な名誉だった。

不思議なことに、貴族もうらやむほどのイケメンだったという世阿弥の肖像絵は残っていない。能を舞うスケッチのようなものさえ、今のところ一枚も発見されていないという。

わずかに伝えられているところによれば、父観阿弥は大柄だったけれど、世阿弥は小柄だった。長年の鍛錬で歳を取っても動作はきびきびしており、笑顔が絶えなかった。人を笑わせるのが得意で、いわゆる座持ちが上手だったとも伝えられている。

●観客が喜ぶものは何かを捉える

この当時、猿楽の役者といえば身分も低く、子どものころから舞台のことばかりで、教養を高める余裕はほとんどなかった。そんな中で二条良基の手ほどきを受けた少年世阿弥は、後年、オリジナルの能を書いたり、『風姿花伝』をはじめ、『花鏡』『申楽談儀』など文学的にも高く評価される作品を残せるほどの教養レベルになっていた。

また、猿楽の観客といえば、貴族や武士が中心だった。彼らが好んだのは繊細かつ優美な「幽玄」な気風だった。

世阿弥はその点をしっかりと汲み取り、言葉、所作、踊りに幽玄さを強調した。また『平家物語』や『伊勢物語』といった物語の有名な場面を元に、猿楽を制作した。これは古典の教養がなければできないことだった。

『風姿花伝』の序で、世阿弥は、他の芸事に心を逸らされてはいけないが、和歌だけは例外として奨励している。

「但し歌道は風月延年のかざりなれば尤もこれを用ふべし（ただし、和歌だけは、猿楽と同じように自然の風景を愛で、長寿を願う芸能であるから、能を目指す者も積極的に学ぶとよいだろう）」

自らの体験を踏まえて、歌の心が能の演技にも、また、演目の創作にも役立つと身をもって知ったようだ。

●頂点へ一歩ずつ

二十歳を過ぎて間もない頃、世阿弥に大きな転機がやってくる。父観阿弥が１３８４（元中元・至徳元）年に駿河で亡くなった。青年世阿弥は、観世大夫を継ぐこととなり、一座の責任が肩にのしかかってきた。

それでも田楽新座を率いる喜阿弥《きあみ》や、近江猿楽比叡座の犬王《いぬおう》（道阿弥《どうあみ》）といった年上のライバルたちとも競いながら、学ぶところはしっかりと学んで力を付けていったという。

とりわけ近江猿楽の伝統ともいえる「ものまね」をメインにした芸に、好敵手犬王が得意だった演舞中心の芸風を融合させようとした。その結果、能をますます幽玄な風情に進化させ、今日に伝わる能を完成させた。

青年から壮年期にかけてのハイライトと言えるのが、1399（応永6）年、世阿弥三十六歳の時に行った勧進猿楽《かんじんさるがく》だ。京都の一条竹ヶ鼻で将軍足利義満が隣席する中、三日間に渡る興業を成功させた。

こうして名実ともに「天下に許された名望」を手にした世阿弥は、翌年の『風姿花伝』第一～三巻を記すことに繋がったといわれる。

その第一巻で三十四、五歳の心得についてこう記している。


「この比の能さかりのきはめなり、ここにてこの条々をきはめさとりて堪能になればさだめて天下にゆるされ名望を得つべし（この頃の能は、絶頂期の盛りを迎える。ここで能のあらゆる技能を習得し、芸技を完成させていれば、世の中に認められ、名声を得ることができるだろう）」

まさに、自信に満ちた世阿弥の姿がここにある。

●変えてゆく人に

これ以上ない理想のパトロンだった将軍足利義満が１４０８（応永１５）年、急逝し、子の義持の時代となった。世阿弥、四十五歳の時のことで、さてこれが吉と出るか、凶と出るか。政治向きにせよ、芸術にせよ、父義満と違った路線を取ることが多かった義持は、猿楽よりも田楽を好んだと言われる。したがって世阿弥よりも、ライバル増阿弥《ぞうあみ》の「冷えに冷えたり」と評される冴えた芸風を愛した。

この点、かなり危機感を覚えたのだろう。著書の『至花道』では、こんなことを言っている。

「義持の鑑識眼は義満以上に素晴らしい。だからもっと玉を磨き、花を摘める幽曲でなくては御意にかなうことはできないだろう」

こうして世阿弥はさらに芸を磨き、幽玄の世界を進化させていったと言われる。

●唯一の失敗

むろん、世阿弥の能人生はいつも順風満帆というわけではなかった。将軍を始めとする観衆の人気に陰りが出れば工夫を重ねた。そしてどんな時も前向きに芸と向き合い、能におけるカリスマとしての存在感はゆるがなかった。

そんな世阿弥にとって、唯一、人生の失敗だったと言えることがある。それは芸そのものではなく、なんと、後継者選びだった。

世継ぎがいなかった世阿弥は甥の音阿弥《おんあみ》を養子に迎えた。この音阿弥は能の作品こそ残さなかったけれども、「今の世の最一の上手」あるいは「天下無双」と称賛されるほど天賦の才にあふれる能役者だった。大夫として一座を引き継ぐには申し分ない。世阿弥もそのつもりだった。

ところが、その後、世阿弥に長男元雅《もとまさ》が生まれる。この元雅もまた才能に恵まれ、祖父観阿弥をほうふつとさせる芸風を備えていたという。

世阿弥の心は揺れた。そしてけっきょく音阿弥との養子縁組を解消し、大夫を実の子の元雅に替えてしまうのである。世阿弥ほどの人物でも、やはり恩愛のきずなに執着した。人間らしいふるまいといえばそうなのだが、これがやがて世阿弥、元雅父子の後の人生に尾を引くことになる。

●逆境を好機に替えて

室町時代は禅宗の文化が花開いた時期だ。四代将軍足利義持は禅の世界に深く傾倒し、同様に世阿弥も禅に帰依した。

１４２２年前後、六十歳になった世阿弥は出家し、観世大夫を長男元雅に譲ったと言われている。

もっとも、世阿弥は完全に引退してしまったわけではなく、舞台で演技することもあれば、後進の指導にもあたったりしていた。

１４２８（正長元）年、将軍足利義持が亡くなると、世阿弥父子を取り巻く環境は大きく暗転し始める。

激しやすい性格と言われた六代将軍義教は、万事に父義満の反対を行く人だった。まるで父への当てつけのように、世阿弥親子を冷遇し、あからさまに弾圧するようになった。

かわって義教が贔屓《ひいき》にしたのは、あの、かつて世阿弥が養子に迎え、大夫にしようとしていた音阿弥だった。以前から義教はこの音阿弥を重用していたが、将軍となってからは世阿弥の仕事を奪って音阿弥に与えたりした。

しかし、この逆境が世阿弥に大きな仕事に打ち込める機会を与えてくれた。次第に能の表舞台から遠ざかるのと対照的に、世阿弥は六〇代の大半を能という芸能そのものに深く考えを巡らせることに充てた。その成果物が、優れた能の理論や、たくさんの能の作品だ。結果的には能が後代まで伝えられていくエネルギーになったと言われている。

●あるがままを受け入れる潔さ

老境の世阿弥に、さらなる悲運が襲いかかる。1430（永享2）年、一座の行く末を悲観した次男の元能《もとよし》は、突然出家する。さらにその二年後、希望を託した長男の元雅は伊勢で客死してしまうのである。

この相次ぐ「なぜ?」に、はっきりとした理由を示してくれる資料は見つかっていないらしい。唯一、それらしい手がかりとしては、南北朝の長い争いの中で、世阿弥の一族が南朝と何らかのかかわりがあったという説だ。長男元雅は北朝方の武将に暗殺されたという見方もあるが、確証はない。

そして世阿弥本人はといえば、1434（永享6）年、あの苛烈な足利義教によって佐渡へ島流しにされてしまう。七十二歳の能役者を、いったい何の科で流刑にするというのか。しかも流刑というのは当時、身分ある者が受けるもので、一能役者の処罰としては不可解きわまりない。

が、さらに不可解なのは、この能のカリスマが十年も暮らしたというのに、佐渡には世阿弥にまつわる逸話がほとんど残されていないことだろう。その痕跡らしいものとしては、佐渡にある正法寺に残る雨乞いに使った面。それと、そこに座ってあきらめることなく創作に耽《ふけ》ったという世阿弥大夫腰掛けの石の二つだけだ。

それでも世阿弥は、絶望にうちひしがれることなく、佐渡で自らの生涯をエッセイ風の小謡にして『金島書《きんとうしょ》』という作品を編んだという。のち、将軍義教の死後、京の都に帰ることができ、1443（嘉吉3年）頃に没したと言われる。だが、それもさだかではなく、佐渡に渡った以降は、まるで幽玄の世界にフェイドアウトしたようにおぼろげだ。

晩年の手がかりがほとんどないということは、あるがままを潔く受け入れて生きたということかもしれない。そしてその時々で選択できる最善の道を淡々と歩いていった姿がしのばれる。

世阿弥の生涯を俯瞰《ふかん》してみると、三〇代後半の将軍お目見えの勧進興行が頂点で、ツキが時分に回ってくる「男時《おどき》」から、その後はずっとツキが遠ざかる「女時《めどき》」にあったともいえる。けれども、その逆境を活かして能という芸能に「男時」を呼び込み、現代にまで続く芸能に高めたとは言えないだろうか。

3 現代に息づく『風姿花伝』の世界

●生死観に共鳴した戦国武将

さて、世阿弥後、能はどのように現代に連なっているのか、駆け足で辿ってみたい。

世阿弥の没後ほどなく応仁の乱が起こり、十五世紀半ばの日本は戦国時代に突入していく。と同時に、能は次第に身分の高い人々のたしなみとなっていった。とりわけ武士は、つねに死と相対する覚悟が求められ、能が描く生死観が共感を呼んだ。そして、見るだけでなく自ら能を舞うのが、当時のリーダーたちの教養となっていった。

たとえば、織田信長で、「人間五十年…」の舞いがすぐに思い浮かぶことだろう。これは室町時代に大ヒットした、能の兄貴分にあたる幸若舞《こうわかまい》の敦盛《あつもり》の一節だ。あの、桶狭間《おけはざま》の戦いの前にも、一差し舞ってストレスレベルをぐっと抑え、今川義元との乾坤一擲《けんこんいってき》の勝負に挑んだらしい。

能好きな武将たちの中でも豊臣秀吉は、熱狂的なファンだったようで、華美な能衣装を作らせ、自分をシテ（主役）にした作品を学者に作らせて舞ったという。

「のふにひまなく候」と、家来の黒田官兵衛が秀吉の妻ねね宛てに、主である秀吉の熱中ぶりを書いた手紙は有名だ。

●世阿弥を愛読した家康

子どもの頃から能に親しんだ徳川家康は『風姿花伝』をはじめ、世阿弥の著書を精読していた。なぜ、秘伝とされた『風姿花伝』を家康が手にすることができたのか、想像力をかきたてるものがある。たぶん、なんらかの形で能の関係者と家康との接点があったということだろう。後年、家康は伝承が途絶えていた能の作品を復興させた。さらに、能を江戸幕府の式楽《しきがく》、つまり幕府のお墨付きを得た国家指定芸能とし、能役者を育成した。

剣豪で知られる柳生但馬守宗矩《やぎゅうたじまのかみむねのり》は、能を舞うのが大好きで、頼まれもしないのに諸大名の屋敷へ押しかけては能を舞っていた。あげくは、友人だった沢庵《たくわん》和尚に「ほとんど病気の所行だから、やめなさい」とたしなめられたりしている。一方で、『風姿花伝』の思想を取り込んで『兵法花伝書』を記したと言われる。

また、生類憐《しょうるいあわ》れみの令で知られる五代将軍徳川綱吉も、能に傾倒した人物として知られ、自ら「船弁慶」「猩々」などを舞った。このころから荒々しい合戦の作品よりも、幽玄な風情を醸す世阿弥の路線が重んじられるようになったという。

幕末になってからは、大老井伊直弼《いいなおすけ》も大の能好きとして知られ、自ら狂言の新作を書いた。国元の彦根城には現在、能舞台があって、年に数回、能や狂言が催されている。さぞかし井伊直弼も草葉の陰で喜んでいることだろう。

明治以降は、初代梅若実《うめわかみのる》を中心とした役者たちが維新を境に衰えた能の再興につとめた。そして、謡本をいつも側に置いていたという明治天皇の庇護によって少しずつ力を取り戻していった。

やはり、なんといっても大きな出来事は、数百年もの間眠っていた『風姿花伝』が歴史学者の吉田東伍《よしだとうご》によって発掘され、広く世の中で読まれるようになったことだろう。これを機に、それまで伝説上の人物だった世阿弥が、実在した能の大成者として歴史の表舞台に登場することになった。

●西欧文学になじむ能の世界

視野をもう少し広げて、能と『風姿花伝』の「めずらしき」展開と言えそうなものをいくつか見てみよう。

1957年に公開された黒澤映画『蜘蛛《くも》の巣城《すじょう》』は、シェークスピアの代表的な演劇『マクベス』を能仕立てで翻案した名作だ。疑心暗鬼に陥って破滅へと向かう主人公の話だが、三船敏郎の鬼気迫る演技がすばらしい。西洋の作品と能とは、意外にも相性がよいのかもしれない。

と思っていたら、本当に、新作能では『マクベス』という演目も近年登場している。演じているのは五大シテ方のひとつ、宝生流《ほうしょうりゅう》で、脚本は泉紀子さん、演出と節付けは辰巳満次朗さんだ。

「これは英国ロンドンより出でたる僧にて候。我いまだスコットランドを見ず候ほどに

…」

というワキ僧の台詞で始まるこの能は、世阿弥が確立したとされる夢幻能の構成を踏襲し、正統派の演目として仕上がっている。固有名詞をカタカナで残しているが、そこを和名に変えてしまえばオリジナルがシェークスピアとは誰も気づかないだろう。同様に『オセロ』も能の作品として書き換えられ、上演されているという。

西洋文学と能作品との接点はけっこう古く、童話『青い鳥』で有名なベルギーのメーテルリ

ンクは『タンタジールの死』という戯曲を書いた。それを俳人の高浜虚子《たかはまきょし》が翻案し、『鐵門』という新作能に仕上げている。大正の初めの頃のことで、初演からちょうど100年後の2016年、京都観世会館で公演されている。

さらにこんな逆輸入パターンもある。アイルランドの詩人で劇作家のイェイツは、はるかな東方の島国日本の能とケルト神話の共通性に触発されて『鷹の井戸』という戯曲を書いた。不死の水が湧く井戸を鷹が守っているという幽玄な作品だ。

これが日本に紹介されて、1947年『鷹の泉』、1967年『鷹姫』という新作能に生まれ変わった。そして2017年には、イェイツの原作100周年記念として渋谷オーチャードホールで『ケルティック能・鷹姫』が公演の運びとなった。

このように西欧で能が早くから注目されていたのは、岡倉天心《おかくらてんしん》らの努力もあるが、やはり大正から昭和にかけて、駐日大使として赴任していたフランス劇作家で詩人、ポール・クローデルの存在が大きいだろう。クローデルは、大の日本文化ファンだったことで知られる。とりわけ能に心酔し、数々の能舞台を堪能した。彼が記したたくさんの評論は、アカデミックな世界の人々が能に注目するきっかけとなった。

文化庁のサイトに行くと、ユネスコ無形文化遺産に能が登録されたのは2008年となっている。日本の芸能として真っ先に登録されたのも、こうした国を超えた普遍性が背景にあったからなのだろう。

●クリエイターと風姿花伝

さて、今、この時代、『風姿花伝』のエッセンスはどう広がって、どんな「花」を咲かせているのだろうか。

新宿区目白にあるシアター風姿花伝は、能楽堂ではない。ここは100席ほどの小劇場で、内外の上質な演劇が上演されている。スペースを提供する以外にも、風姿花伝プロジェクトと銘打って、劇場主催型の演劇プロデュース活動にも取り組んでいる。世阿弥については触れていないが、『風姿花伝』の世界観を念頭に置きながら、演劇の場をはぐくんでいこうという姿勢がうかがえる。

一方、最近はラップやJポップを聴いていて、一瞬、『風姿花伝』にある名言が断片的に耳に入ることがある。

「Yes 能 枕に聞いて
秘すれば花 初心忘れるべからず」〈日本音楽著作権協会（出）許諾第1908840-901号〉

これは音楽ユニット、水曜日のカンパネラのアルバム『ＳＵＰＥＲＭＡＮ』の収録曲、「世阿弥」という曲の一節だ。このユニットは「千利休」や「メロス」やら、教科書に出てくる人々をよく採り上げる。「世阿弥」という曲では、義満公にお目見えしてから佐渡に流されるまでの、世阿弥の生涯を歌にしている。

本来、能は立て乗りしながら聞くようなエンターテイメントではなく、心を静めるアンビエントなもの。あくまでも、鎮魂の芸能だ。けれども、『風姿花伝』に記された名言の数々は、クリエイターの創作活動に新鮮な刺激を与えているようだ。

水曜日のカンパネラのボーカル、コムアイさんは、「この本には、本当に人が何かを学ぶ時に役に立つことがいっぱい書いてあります」と語っている。

ビジュアルアーツ系に目を向けると、パルコの広告などを手がけたアートディレクター石岡《いしおか》瑛子《えいこ》さんが１９８３年に出した作品集『石岡瑛子風姿花伝』が頭に浮かぶ方も多いだろう。

なぜ、「風姿花伝」という言葉をタイトルに入れたのか、今はもう知るよしもないけれど、完璧さを追求する点で、世阿弥と志を同じくするところがあったのではないだろうか。それは時代を超えてなお、私たちに共感をあたえる、タイムレスな存在といえるだろう。

●風姿花伝の読み方は自在

その石岡瑛子さんの延長線上で今、活躍する人物の一人が、クリエイティブディレクターの佐藤可士和《さとうかしわ》さんだ。「初心忘れるべからず」「秘すれば花」といった言葉を、仕事においてだけでなく「人があるべき姿を指し示したもので非常に感銘を受ける」と語っている。そんな佐藤さんが、世阿弥の教えをわかりやすく示してくれる一冊を紹介している。

それは『高田明と読む世阿弥』という本で、どんなステージにあっても昨日の自分を超えていこうとする自己更新の心を持てば、誰でも成長し続けることができるというメッセージが込められている。

ジャパネットたかたでおなじみの、高田明《たかたあきら》元社長は、日本経済新聞で2018年に連載された「私の履歴書」の中で、「商品紹介の手順は「序破急」の教えが参考になる」と語っている。

「一切の事に序破急あれば、
中楽もこれ同じ」

のだという。

『風姿花伝』「第三問答条々」に記されたこの名句を、プレゼンテーションの極意にしている

高田氏によると、「序」とは、いわば「つかみ」。ここで新商品、新サービスの特長を、さくっと伝えること。十秒から二十秒の間に、聞き手が振り向いてくれるようなインパクトを与えることができなければ、チャンネルを変えられてしまうのだそうだ。

続く「破」は、本論にあたる。商品の特長やメリットを、なるべく論理的に語っていく。

そして「急」の結論で、聞き手がいちばん気にする値段をズバリ言うという構成だ。

もっともこの順序にこだわる必要はない。もし相手がすでにその製品を十分知っていれば、いきなり「急」の値段から入るという手もあるのだという。

もちろんこの言葉以外にも、高田さんは世阿弥が残したたくさんの名言を取り入れ、あの名調子のCMのみならず、人生を歩む上での道しるべにしているという。

その中でも、高田さんがもっとも感銘を受けたのは、一時的に咲いた「時分の花」をまことの花と勘違いしてしまうことへの戒めを世阿弥が説いた部分だ。それを高田さんは「今の自分を完成形だと思った時、成長は止まる」と受け止めている。そして、その時々の花を咲かせ続けることを、「自己更新」と捉え直し、昨日の自分を超えていく姿をイメージする。

高田さんが私たちに示してくれるのは、『風姿花伝』をどう読むかは自由だということだ。

名言の数々も、人によって解釈はまちまちだし、そういうゾーンの広さがこの『風姿花伝』の魅力のひとつなのだろう。

●新しい時代のコンテンツ

令和元年六月二十八日のG20大阪サミットで、狂言師の野村萬斎《のむらまんさい》さんが「三番叟（さんばそう）」を舞ったのを覚えている方もいらっしゃることだろう。

「稲積の翁翁面、代継の翁三番申楽、父助、この三つをさたむ、今の代の、式三番、これなり」

「三番叟」は、右に挙げた『風姿花伝』「第四神儀に云わく」の部分で説明されている「代経翁三番申楽」の今風の呼び方だ。現在は「稲経の翁」は能役者が演じ、「三番叟」は狂言師が舞うというふうに役割が決まっている。

「三番叟」は五穀豊穣《ごこくほうじょう》を祈る舞いで、大変に格式が高いとされる。まさに各国の要人をもてなすにふさわしい演目だ。

野村萬斎さんはここ数年、この演目をメディアアーティストの真鍋大渡《まなべだいと》さんとコラボレーションし、意欲的な舞台でファンを楽しませてきた。

G20大阪サミットでも、最先端テクノロジーを駆使した稲穂の映像と伝統の技が融した舞台を披露し、喝采を浴びた。それは、これからの時代に日本がどんなコンテンツを世界に発信していけばよいかを示す好例と言えるだろう。

第2部

現代日本語訳で読む『風姿花伝』

※第2部　現代日本語訳の作成にあたっては、『花伝書』（世阿弥 著、野上豊一郎 校訂　岩波文庫）、『風姿花伝・三道　現代語訳付き』（世阿弥 著、竹本 幹夫 訳注　角川ソフィア文庫）をもとに、さまざまな訳書を参照した。また。読みやすさを考慮して、適宜、注釈や解説等を施している。

序

能を極めるには
どんな心得が必要か

●好色、博打、大酒は三大悪と心得よ。
●稽古は一心に打ち込み、驕り高ぶり自己流に固執するな。

猿楽《さるがく》と呼ばれる芸能は能の原形とされ、もともとは長寿延命を願って演じられたと言われる。その源をたどると、仏陀《ぶっだ》が生まれたインドから起こったという説がある。あるいは、はるか神代の昔にこの国へ伝わったとも言われている。

しかしそれが発祥した当時からすでに長い歳月が経ち、時代もだいぶ変わってしまった。だからはじめこの猿楽がどういうものだったのかは、今となっては知るよしもない。

ちかごろ我が国で万人にもてはやされているこの猿楽は、推古《すいこ》天皇の時代に聖徳太子《しょうとくたいし》が秦河勝《はたのかわかつ》という人物に命じて創作させたものである。ひとつには天下安泰を願って、また、ひとつには民衆の娯楽として、秦河勝が六十六番もの演目を制作し、それを「猿楽」と名付けたのだった。

それ以来、時代ごとの作者たちが四季折々の自然が織りなす風景を楽しむ際に、この娯楽を演じてきたのである。

猿楽
原著は「申楽」と表記されるが、本書では「猿楽」と表現する。古代から中世にかけての芸能の一つで、滑稽なものまねや軽口・しゃれなど、神楽の余興として出発した。鎌倉時代より歌舞の要素を強め、能や狂言に発展した。

仏陀
サンスクリットのブッダbuddhaの音訳で、「真理を悟った者」を意味する。本書でもそうだが、特に釈迦如来を指すことが多い。

推古天皇
554〜628年。第33代天皇。欽明天皇の皇女で、最初の女帝。

その後、秦河勝の遠い子孫が、この猿楽という芸能を継承し、春日神社や日吉大社の神職を勤めた。こうした経緯もあり、大和や近江の能役者たちは、今もこぞって両社の神事の際に猿楽を奉納しているのである。

このような背景があるから、能について学ぼうとする際は、まず古い伝統を知ること。そして、新しい能を鑑賞する際にも、この芸能の本質とも言える風流さがあるかどうかという点を見極めることが大切となろう。

第一に言葉遣いに品格があり、姿形に幽玄《ゆうげん》さをまとっているか。その両方を満たす演技ができてこそ、達人と言われる能役者なのである。

この道を極めようとする者は、他の芸能に心を奪われてはならない。ただし、和歌だけは、猿楽と同じように自然の風景を愛で、長寿を願う芸能であるから、能を目指す者も積極的に学ぶとよいだろう。

こうしたことはすべて、私が若い頃からずっと見聞きしてきた稽古の数々を通して学んできたことだ。

以上のような次第で、能を習得するうえでの肝心なことがらをこの本に記してみよう。

聖徳太子
574〜622年。用明天皇の皇子で、飛鳥時代の中心的な政治家、思想家。厩戸皇子、豊聡耳皇子、上宮太子ともいう。叔母推古天皇の摂政として内政・外交に尽力し、冠位十二階・憲法十七条を制定して集権的官僚国家の基礎をつくり、遣隋使を派遣して大陸文化の導入に努めた。

秦河勝
生没年不詳。聖徳太子（厩戸皇子）の側近で、広隆寺（蜂岡寺）を創建したといわれる。

春日神社
春日大社の旧称で、奈良市春日野町に鎮座する。武甕槌命、経津主命、天児屋根命、比売神の4柱を祀っている。藤原氏の氏神。

一．色を好んだり、博打にはまったり、酒に溺れたりすることは、もっともやってはいけない三大悪である。これは古くから言われる掟《おきて》と心得ておくべきだ。

一．稽古は一心に打ち込むこと。驕《おご》り高ぶって自己流に固執してはいけない。

日吉大社
滋賀県大津市坂本に鎮座する旧官幣大社。東本宮にまつる大山咋命を主祭神とし、西本宮の大己貴神を合祭する。古来、山王や山王権現などと称し、全国の日吉（日枝、山王）神社の総本社。

幽玄
芸術論用語で美的理念の一つ。中世芸術の中心的理念。物事の趣が奥深くはかりしれないこと。趣きが深く、高尚で優美なこと。気品があり、優雅なことなどを指す。

和歌
漢詩すなわち「からうた」に対する日本の歌「やまとうた」の意味で「倭歌」とも書く。

第一

年来稽古条々

●能役者の生涯には、年齢に応じたステージがあり、各年代に応じた稽古のあり方がある。
●人生のステージごとに課題や壁があり、それを受け止め、克服していくことが肝要なのだ。

●七歳

能の稽古は、おおよそ七歳ぐらいから始めるのがならわしになっている。このくらいの年齢なら、子どもなりに自然とあれこれやり出すものだ。その中に、その子が生まれ持った長所が見つかることがある。舞いや演技のような動きのほか、謡を謡ったり、鬼のまねをしてみたりするのもよいだろう。

大人に言われるでもなくやりだしたとしたら、くれぐれもその子の好きなようにやらせてみることだ。「これは良い」「あれは悪い」などと、こと細かに指導したくなっても、そこはこらえたい。あまり口うるさく指図すると、しょせんは子

おおよそ七歳ぐらい
世阿弥の父、観阿弥が能修行はおおよそ7歳から開始するのが適当と考えていたため、世阿弥もこの頃から稽古をはじめ、舞台を踏んだと考えられている。

どものやること。みるみるやる気を失い、「もう、いやだ」と思うだろう。悲しいかな、早くも芸が上達するのは、ここで止まってしまうのである。

この年頃の子には、舞い、能の動き、謡いといった基本的な稽古だけでじゅうぶんだ。むしろそれ以外やらせるべきではない。たとえできたにせよ、無理に能の演目をまるまる教え込んだりしてはならない。

子どもの才能を買いかぶって、能の大舞台の幕開けにいきなり立たせるのも控えることだ。せいぜい三番目か四番目に演じられる舞台あたりで、潮時を見計らい、本人がうまく習得している演技をやらせるのが良い。

●十二、三歳より

この年頃からようやく声の調子も安定してくる。能に対する自覚も根付いてくるから、演目を順次、教えていくとよいだろう。

子どもというのは、姿形はもちろんのこと、何をやっても愛らしいものだ。だから何を演じても幽玄な雰囲気に映る。また、この年頃は声も際だって美しい。この二つの美点があるから、悪いところは目立たず、良い面はいっそう華やかに際立つのである。

とはいえ、だいたい子どもの猿楽であるから、大人が演じるような細かなものまねなどさせる必要はない。第一、少しも似つかわしくないし、やらせたからといって能の技術もそれほど上達するわけではない。

ただし、素早く勘所を掴んでめきめきと上達するような子どもだったら、何をさせても良いだろう。稚児姿《ちごすがた》の愛らしさといい、声のよさといいそれ自体すばらしいうえに、演技も上手とくれば、やらせない理由などあるまい。

けれどもこの花は、本物の花ではない。この年代だからこそ咲かせられる「時分の花」にすぎないのだ。この一時咲く花に助けられるので、稽古はどれもやすやすとやってのけられる。

そのようなわけだから、この時期の芸だけをもとに、生涯の能の良し悪しを判断してはならないのである。

この年頃の稽古は、基本の技能を習得することを大事にし、そのうえで本人がやりやすい得意なものを「花」とすべきだ。

すなわち動作は正確にできるように、また、謡いは発声や発音が明瞭になるように稽古すること。舞う時は、手の位置がしっかり定まるようにするなど、基本

稚児姿
童児が髪の先を切りそろえずに、婦人のように下げ髪にした姿。

時分の花
能において、年齢の若さによって生じ発散される、芸以前の一時的なおもしろさ、美しさを指す。

を大事にしながら稽古しなくてはならない。

●一七、八歳より

この頃になると、身体が成長するうえで重大な転機にさしかかるので、あまり稽古はできなくなる。

まず、声が変わってしまうから、第一の花を失うことになる。身長も伸びて、子どもらしさもなくなる。以前なら声もよく通り、姿形にも花があり、何をやっても喝采を浴びていただろうが、そんな恵まれた時期はすでに終わっている。

そのうえ、これまでのやり方が通じなくなるものだから、やる気もだんだんなくなってくる。その挙げ句、観客にも受けが悪いと気づき、恥ずかしい思いをする。そしてあれこれ悩むうちに、とうとう挫折してしまったりするのである。

だから、この歳頃を迎えたら、指を指されて笑われようとも気にしないよう導いてやることだ。普段の稽古では、喉に無理のない程度に朝夕発声の練習を心がけさせる程度で十分だ。

そして心の中では、今が能を一生続けていけるかどうかの瀬戸際なんだという自覚をうながそう。実際のところ、能をあきらめないという以外に、もはや稽古の手立てはない。しかし、ここで投げ出してしまえば、そこで能の人生も終わってしまうだろう。

謡の調子は、本人が出せる音程の範囲にもよるだろうが、おおよそ黄鐘《わうしき》、盤渉《ばんしき》を目安に歌うとよいだろう。

調子にあまりにもこだわると、立ち姿にも良くない癖ができてしまいがちだ。また、無理して声を出していると、年を取ってから声を潰してしまいかねない。

●二十四、五歳

この頃、生涯の芸風が定まり始める最初の段階にさしかかる。したがって稽古も本格化する境目を迎える。声もすでに安定しているし、体格もできあがってくる時期だ。

さて、能の道を極めようとする時は、これが備わっていれば幸運ともいえる二つの素質がある。一つは声、もう一つは体格だ。この二つの素質は、おおよそこの年頃にはっきりと表れてくる。いよいよ若々しい盛りらしい芸が、花開き始め

黄鐘 雅楽十二律の八番目の音程。
盤渉 同じく雅楽十二律の十番目の音程。

る時期でもある。

したがってこの年齢にさしかかると、「ほう、腕利きの役者が出てきたものだ」と、世間に注目される若手も出てくる。すでに名声を誇る大役者の近くにいても、新しく咲こうとしている花はやっぱりめずらしく見えるもの。両者が競演すると、どうかした勢いで若い役者のほうが注目を浴びたりすることがある。そうして観客も喝采を送り、役者自身もついその気になって、自分を買いかぶってしまう。これは当人にとっては、まったくもって害を及ぼすものである。

まだまだ、本当の意味で、この若者の演技は花とは言えない。若々しさを新鮮に感じた観客が一時もてはやす、気まぐれに咲いた花にすぎない。本当に見る目のある人にしてみれば、そのようなものは所詮偽物だとお見通しなのだ。

この時期に花があるように見えたとしても、それは初心者の花だ。それなのに、あたかも「自分は能を極めたのだ」と思い上がり、早くも猿楽について稚拙な批評をしてみたり、名人気取りの演技をひけらかすのはよくあることで、こうなるとなんとも嘆かわしい。

たとえ人に褒《ほ》めそやされ、名人に競って勝ったとしても、それは今だけ咲いためずらしい花のせいだと自覚させるべきである。

そしていっそう稽古に打ち込み、ものまねなど正しくできるようにしむけること。また、自分よりもすぐれた演技ができる役者に事細かに指導してもらい、もっと稽古を積ませなくてはいけない。

この一時の花を本当の花と勘違いしてしまう心こそ、真実の花を咲かせることから遠ざけてしまうのである。多くの人が、この一時の花に心を惑わされ、自分が本来持っている本当の花が消え失せてしまうことに気づかない。能の初心者が犯しがちな致命的な失敗とは、まさにこういうことなのである。

一．工夫を凝らして考えてみること。自分自身の芸がどのくらいの実力で、どの程度の格があるのかを客観的に捉えることができれば、本来、自分が持っている花は死ぬまで枯れはしない。しかし、実力以上に思い上がると、もともと備わっていた花も失ってしまう。そのことをよく心得ることだ。

●三十四、五歳

この頃の能は、絶頂期の盛りを迎える。ここで能のあらゆる技能を習得し、芸技を完成させていれば、世の中に認められ、名声を得ることができるだろう。

もし、この時期に、あまり世の中で認められることもなく、名声も思うほどでなかったとしたらどうだろう。たとえどんなに素質があるにせよ、まだ誠の「花」を極めきれていない役者であると自覚しなければならない。

この頃までに能を極めることができなければ、四十歳を迎えてからの芸技は衰える一方なのだ。今は自覚がないかもしれないけれども、後々、役者としての真価があるかどうかが、はっきりしてくるのである。

つまり役者として腕を上げていくのは三十四、五歳の頃までということ。四十歳を過ぎれば坂を下っていくばかりである。

したがって何度も言うようだけれども、三十四、五歳になってもまだ世の中に認められていないのなら、自分が能を極めた役者だと思ってはならない。だからこそ、もっと慎重に能と向き合うべきだろう。

この年代にさしかかったら、これまでやってきたことを振り返ることが大切だ。そして、これから先、どのようにあるべきかを考えることもできる年代だ。

この年代で能を極めていないとしたら、あとになって世の中で評判を得ることは、本当に難しいだろう。

●四十四、五歳

この頃から、能のやり方が大きく変わってくる。たとえ天下に認められ、能のすべてを会得したとしても、心得ておきたいことがある。それは、つねに優れた役者を脇役に置きながら、自らも演じたほうが良いということである。

この時期は、能の技が落ちることはないけれども、誰でも歳をとると自然に力強さがなくなってくる。身に咲く「花」も、舞台における「花」も衰えていくものだ。

よっぽど容姿が整った美男ならともかく、見た目が良いほうであっても、素顔で演じる猿楽は見られたものではなくなる。だから、どうしても、素顔で演じる能は、自分の演目から減らさざるを得ない。

また、この歳になったら、細かい演技にこだわった出し物は、演じるのを控えるべきだろう。自分の見た目相応の役柄に落ち着き、楽に、無理をせず演じられるものにすることだ。そして、脇の役者に花を持たせ、むしろ自分は引き立て役のように、控えめに演じれば良い。

たとえ脇の演じ手が登場しない舞台でも、細かい身体の動きをしなければならないような能はあきらめるべきだろう。どんなに頑張ったところで、観客からすれば、とても花のある演技には見えないのだ。

ただ、四十歳を過ぎても失われない花があるとすれば、それこそが「誠の花」と言えよう。そして五十歳近くまで失われない花を持ち続けられる役者とは、きっと四十歳になる前に世の中の名声を得ていた者に違いない。

たとえ世の中で名実ともに認められた役者であったとしても、そういう達人は、自分自身をよくわきまえている人物だ。だからこそ、脇の役者を育成して、むやみに自分のアラを露呈するような愚かな真似をするはずがない。

このようにおのれを知るということが、奥義に達した人物の心得というものだろう。

●五十歳以上

この頃から先はもう、能の役者としてはおおかた何もしないというほかに手立てはなくなる。「麒麟《きりん》も老いては駑馬《どば》に劣る」という中国の故事にもある通りだ。

とは言いつつも、真に能を習得した達人なら、演じることができる題目がほと

麒麟も老いては駑馬に劣る 麒麟のようなすばらしい馬も、年老いてしまえば凡庸な馬にさえ劣る。

んどなくなり、あるいは良きにしろ、悪きにしろ、見るべきところがもう残されていなかったとしても、花だけは残るものである。

私の亡き父である観阿弥《かんあみ》は、五十二の歳、五月十九日に亡くなった。しかし、その同じ月の四日には、駿河の国の浅間神社の御前で奉納の能を舞った。その時の猿楽はことのほか華やかで、見物人は身分の高い人も低い人もみな褒め称えたものである。

父はおおよそその頃には、演目のほとんどを若手に譲ってしまい、自分は演じやすいものを少しずつ工夫し、色を添え演じていただけだった。だが、それがかえって花のある演技に見えたものである。これこそ本当に手にすることができた花だったのだ。

能というものは、枝も葉も落ちて老いた木になっても、花だけは散りもせずに残るものなのだ。これこそ、私自身が目の当たりにした、老骨に残った花の証だった。

年来稽古については以上である。

観阿弥
1333〜1384年
南北朝時代の能役者・能作者で観世流の始祖。将軍足利義満に見出され、息子の世阿弥とともにその庇護を受け、二代に渡り能を大成した。

浅間神社
静岡県富士宮市に鎮座する元官幣大社。正式には富士山本宮浅間大社、浅間大明神ともいう。祭神は木花開耶姫（コノハナノサクヤヒメ）。

第二

物学《ものまね》条々

●ものまねは能の基本であり、役柄に応じた演じ方がある。
●さまざまな演じ方の心得を極めることができれば、自然とより精緻な演技も会得できる。

●ものまね序文

能には、ものまねという分野があり、さまざまに演じられている。しかし、これを言葉で説明するのは大変むずかしい。とは言っても、猿楽という芸能を極めるうえで、このものまねは非常に重要な演目となる。その演目は膨大な数だけれども、何度も、何度も稽古してよく身につけることが肝要だ。

ものまねは何ひとつ省略せず、できるかぎり写実的に演じるのが本来のあるべき姿である。ただ、演目によっては、微に入り細にわたり完璧にまねたほうがいいものもあるし、また、あっさりと仕上げたほうがそれらしく見えるものもあることを知るべきだろう。

ものまね
原文では物真似とは書かずに「物学」、すなわち「学ぶ＝まねぶ」の転化として、言葉も行為も模倣によって習得するとの重要な意味を持たせている。

まず、天皇や大臣をはじめとして、公家の人々のたたずまい、武家の立ち居振る舞いなどを演じる演目がある。このような高貴な人々の心情は、身分の低い私たちにとってはなかなかうかがい知ることはできない。だから、彼らを存分にまねることは難しい。

このような高貴な人々のものまねをする際は、よくよく彼らの言葉遣いを観察し、身のこなしを研究したうえで演じてみて、観客からの意見に耳を傾けるのがよいだろう。

そのほか、位の高い役職にある人々のものまねや、花鳥風月《かちょうふうげつ》を愛でる詩歌管弦《しいかかんげん》などの品々も、いかにもそれらしく感じられるよう、できるだけ細かく似せることだ。

一方、農民や身分の低い庶民をものまねする際は、あまりこと細かく卑しげな態度まで似せようとしなくてよい。だが、たとえばきこり、草刈り、炭焼き、汐汲みなど、能として風情を感じさせるような姿や動きなら、細かく似せてもよいだろう。

しかしそれよりもっと卑しく感じられるようなしぐさは、まねるべきではない。そうしたことは、高貴な人々にとっては見苦しいばかりで、面白いと感じる

花鳥風月
自然の美しい風物。あるいは、それを鑑賞したり、材料にして詩歌などを創作したりする風雅の遊び。

詩歌管弦
漢詩や和歌を詠じ、楽器を奏でることやその遊び。広く、文学と音楽を指すこともある。

きこり、草刈り、炭焼き、汐汲み
いずれも和歌の題材になるような職業。

はずもない。このように、観客の側に立って、似せ方の案配をよく考えるべきだろう。

●女性

そもそも女性の役は、若い役者にふさわしい演目と言える。とは言え、これを演じるのは、大変むずかしいことでもある。

まず、衣装の着こなしがみっともないと、見られたものではない。女御《にょうご》や更衣《こうい》といった高い位にある女性は、私たち下の位の者はめったに見る機会がない。だから、この人たちの服を着て、役柄を演じる際は、研究をよく重ねなくてはならない。衣や袴の着付け方も、好き勝手にやっていいわけではない。万事、約束ごとが決まっているので、それらをしっかり探求することだ。

ただ、世の中一般の女性の服装は、常々見慣れていることだろうから、こちらをまねるのは簡単だ。普通の衣や小袖《こそで》の出で立《いた》ちなら、ほとんどの場合、おおよそ似た雰囲気が出せれば十分だ。

曲舞の踊り手や白拍子、もしくは物狂いといった役柄を演じる際は、扇であっ

女御や更衣
平安時代の後宮の女官で天皇の寝所に侍する。令外のきさきとしての格は、皇后・中宮→女御→更衣の順になる。

小袖
現在の和服の原形となった、袖口の小さく縫いつまっている衣服。

白拍子
平安時代末期から室町時代にかけて行われた宴席用の歌舞の一つ。またそれを演じる舞女を指す。

物狂い
能・狂言では、子や夫と別れるなどの精神的打撃によって一時的に興奮状態に陥り、歌舞・物まね芸を演じることや演じる人を指す。

ても、他の手回り品であっても、いかにも弱々しく、いまにも落としてしまいそうなほどそっと持つのがよい。

女性をまねるには、衣や袴などもたっぷりと裾長《すそなが》に着て、腰や膝をまっすぐの姿勢に保ちながら、体つきはしとやかでなくてはならない。

顔の角度で気をつけたいことは、上を向きすぎると、器量が悪い印象を与えることだ。反対に、うつむくと背中が丸くなって、後ろ姿がよくない。そうかといってあごを引き、首のあたりに力を込め過ぎると、女性に見えなくなる。

そして、なるべく袖の長い衣装を着て、手先なども見せないようにすること。帯も弱々しげに締めるべきだろう。

要するに、よく能で言われる「仕立てをたしなめ」とは、姿を美しく見せなさいという意味に他ならない。どんなものまねをする際も、この扮装がよくなければだめだ。とりわけ女性を演じるときは、扮装をまねることが第一だ。

●老人

能においては、老人のものまねこそ、まさに奥義にふさわしい秘伝といえよう。しかも、それだけで演者の技量が観客にはっきりとわかってしまう。したがって、もっとも大事な技能と言えるだろう。

だいたい、能を相当に極めた役者であっても、老い役を演じきれない者は多い。その中でもたとえば、きこりや汐汲みといった「わざ物」の演目で、翁姿《おきなすがた》を一通りやりおおせたら、それだけで上手だと評されることがある。だが、これは間違った評価だ。

冠《かぶり》、直衣《のうし》、烏帽子《えぼし》、狩衣《かりぎぬ》を身につけて、気品のある老人をまねようとしても、それにふさわしい技量を身につけた演じ手でなければ似合うはずがない。稽古をたゆまず積み、芸の格を上げていなければ、似合うはずもない。

また、花がなければ老人のものまねなど、おもしろくもない。たいていの役者は、老人の振る舞いをまねようとして、いかにも年老いたというふうに腰や膝をかがめ、身をちぢこませたりしがちだ。だが、これでは、花にはほど遠く、ただ古くさく見えるだけで、まったくおもしろくない。

したがって老人を演じる際は、何事も決してもじもじ、あるいはそわそわすることなく、しとやかに立ち居振る舞いを見せるべきである。

ことさら、老人の舞姿は、この上なく難しい演目だ。花はありながら、年寄り

冠、直衣、烏帽子、狩衣
いずれも公家が身に付ける衣服のため、気品のある老人を印象付ける服装として用いられている。

に見えるという細かな工夫が求められる。先人の指導もできるだけ詳しく聞き、探求に努めること。たとえて言うなら、枯れ木に花を咲かせる演技ができるということなのである。

●直面

面を付けずに、役者が素顔のままで演じるのが直面《ひためん》である。これもまた、能では大事な演目となる。

そもそも役者が成人男性で、演じる役も大人の男性なのだから、簡単に思えるだろう。ところが、不思議なことに、芸の格が上がらないと、素顔で演じる能は見られたものではない。

言うまでもないが直面の場合も、たいがいはそれぞれの役柄によって演じ分けることになる。ところが、面を着けないし、かといって顔つきを似せることなどできるわけがない。

そこで、ふだんの顔つきを変えて、表情を取り繕おうとする役者がいる。これは、まったく見られたものではない。

直面　能で役者が面をつけずに素顔のままでいること。普通は面をつけるシテ・シテツレについて言う。

そうではなく、振る舞いや風情によって、その人物に似せることを心がけなければならない。顔の表情は、できるかぎり自分のありのままの表情で、取り繕おうなどとせずに役になりきるのがよいのである。

●物狂い

物狂《ものぐる》いとは、子どもや夫と離別するなどして、錯乱した人物の役柄を指す。能においてはもっともおもしろいとされる芸である。

この物狂いは、大変に種類が多い。したがって、この役どころを極めた者は、もう、どんなものまねも演じることができる芸達者と言える。そのぶん、繰り返し、繰り返し、稽古を積み、演技を工夫していかなくてはならない。

霊が乗り移った憑《つ》き物のたぐい、たとえば神、仏、生き霊、死霊といったものの場合だが、これらは取り憑いている正体そのものをまねてみることで、たやすく演技の手がかりが見つかる。また、上手に演じることができるだろう。

親と別れる、生き別れた子を探し求める、夫に捨てられる、妻に先立たれる。このような、辛さのあまり心が千々に乱れるような役どころは、非常に難易度が

物狂い
62ページ注釈参照。

高い演技が求められる。

にもかかわらず、かなり熟練を積んだ役者でも、物狂いに陥ってしまった心のありように寄り添うことなく、どれも同じように憑き物が憑いたように狂い演じてしまう。これでは、見る人の感動は呼び起こせない。

たとえば、断ち切れない思いゆえの物狂いだとしたら、いかにもその執着する思いの根底に広がる心象風景に重きを置いて、まさに狂気する場面を演技の花として持ってくると効果的だ。それだけ心を込めて狂うことで、観客を感動させ、おもしろい見所も生じることだろう。

こうした作品を巧みに演じて、見る人の涙をさそうことができるような者こそ、この上ない一流の役者と褒め称えられる。そのことをよくよく肝に銘じ、よく考えてものまねをすべきである。

おおよそ物狂いの役は、それにふさわしい出で立ちで登場すべきなのは言うまでもない。しかしながら、いっそ物狂いを演じるという点から発想を膨らませ、場合によっては何とも華やかな扮装をするのもひとつの方法だろう。その季節を感じさせる花を、かんざしとして頭に刺したりするのもまた一興である。

さらにもうひとつ、ものまねについて心得ておかなくてはならないことがある。物狂いという演技は当然ながら、どんなものが取り憑いているかによって、狂い方の表現を変えていくものだ。しかし、女性の物狂いを演じる際に、修羅《しゅら》や鬼神が憑いたような演技をするのは、非常によろしくない。憑かれたのは女性なのに、演技が荒々しくなれば見た目にそぐわないからである。

また、女性の演技のほうばかりに力を入れると、今度は憑き物が憑いている意味そのものがなくなる恐れがある。同様に、男性が物狂う場面で、女性が憑いたような設定になるのもよろしくない。

はっきり言って、このような能はやらないのが鉄則である。それをあえてやってしまえば、能の制作に携わる人の見識がないと言えるだろう。この道に長じた能の描き手が、そのようにちぐはぐな台本を書くわけがないだろう。こうした基礎的なことを、しっかり押さえておくことこそ、能における秘伝となるのである。

また、素顔で演じる物狂いは、よほど能を極めた者でない限り、なかなか演じ切れる者ではない。とにもかくにも表情をそれらしくしないことには、物狂いには見えない。それほどに迫真の表情を作る技術もないのに、未熟な役者が無理やり表情を取り繕おうとすると、とても見られたものではない。

修羅
「阿修羅」の略で、インド神話の悪神。インドラ神（仏教では帝釈天）と戦うとされる。

それほどまでにこの素顔の物狂いは、ものまねの奥義《おうぎ》とも言えるだろう。大事な行事で猿楽を演じる時には、初心者の役者は、素顔での物狂いは演じないに越したことはない。素顔という直面の芸の難しさのほか、さらに物狂いを演じるという難しさも加わるのである。この二つの難易度が高い演技を調和させ、観客を魅了するような花にまで高めることが、一体どれほど難儀《なんぎ》なことか。

こうした芸をこなせるようになるためには、よくよく稽古に励むしか方法はないのである。

●法師

法師《ほうし》という役柄も、能ではものまねに含まれはする。けれども、稀に登場するくらいなので、それほど熱心に稽古をする必要はないだろう。

たとえば、荘厳な衣装をまとった僧正《そうじょう》をはじめ、位の高い僧侶を演じる際は、いかにも威厳のある風情を保ちつつ演技を行うことが基本となる。したがって、こういった気高《けだか》い態度を学ぶべきだろう。

それ以外の、身近な僧侶や、出家した世捨て人、あるいは修行僧といった身分をまねる場合は、行脚《あんぎゃ》することが日々の修行の中心となる。真摯に仏の道を追い求め、深く思いをめぐらすような姿や風情を大事にしたいところだ。

もっとも、力をさほど入れる必要はないと言ったけれども、演目における役どころによっては、思いのほか、難しくなる場合もあるだろう。

●修羅

戦い続けることを余儀なくされ、苦しみに苛《さいな》まれる修羅も、能の世界ではよく演じられる役のひとつだ。

といってもこの役は、うまく演ずることができたとしても、さほどおもしろいものではない。だから、むやみに作品に登場させるのは控えたい。

ただし源平合戦に登場する名だたる武将たちの身の上などを、四季折々の風雅な自然美を愛でる詩歌や楽曲に乗せつつ、巧みに演じることができれば、これはもう、何より面白い演目となりうるだろう。こうした能には、特に華やかな場面があって欲しいものである。

というのも、総じて修羅が狂おしく演技するような能は、どうしても鬼が舞う

修羅 68ページ注釈参照。

ような狂気にみちた演技になりがちだ。これだと単に、舞の所作を見せるだけの演出に終始してしまう。

その場合でも、作品の中に曲舞風の謡の部分があるならば、それに合わせていくぶんは舞踊を強調した演技を行っても悪くない。

こういった場面では、弓矢で武装し、太刀《たち》を帯びたりして、りりしく着飾ることを忘れてはいけない。武具の持ち方や使い方をよく理解して、修羅となった者の心情を余すところなく表現することが重要だ。

そしてくれぐれも気配りを怠りなく、鬼の演技や舞の所作だけに終始しないよう、心がけなければいけない。

●神

神のものまねのほとんどは、鬼をまねる演技に近いと言える。そこはかとなく荒ぶる様子になりがちなので、神の性質によっては鬼と同じような系統になってしまうのは仕方があるまい。

ただし、神と鬼とは、まったく違う本質もある。つまり、神の演技では、舞いを中心に構成してもそれらしい風情が醸し出される。一方、鬼の場合には舞踏系の演技はほとんど見あたらない。

神を演じる際は、いかにも神にふさわしいような衣装を身にまとうこと。そして気品ある態度で演技をすることだ。

とりわけ舞台での登場人物以外には、神というものが実際に現れることはあり得ない。したがって、衣装をそれらしく飾り、着付けもきちんと整えたうえで演じれば、神らしく見えなくもないというところだろう。

●鬼

鬼は、とくに大和地方の猿楽でさかんに演じられており、とても難しいものまねである。

一般に、怨霊や憑き物といった鬼の演技は、おもしろく演じる手がかりさえあれば、さほど難しいことではない。舞台で相手役に向き合い、細かく全身を動かし、頭に頂いたかぶり物の種類に応じて演じることで、観客をおもしろいと思わせることができるだろう。

地獄の番をしている鬼は、上手にまねると恐ろしさが先に立つので、おもしろく感じさせる要素が出てきづらい。

つまり、本当の鬼の演技というのは、あまりにも難しい演技が求められるので、これをおもしろく演じられる役者というのは、とても稀なのである。

だいたい鬼というものは、強くて恐ろしい存在だ。強くて恐ろしいものが、そうそう簡単におもしろく変わるわけがない。

このように鬼のものまねには、初めから大きな難点を抱えている。それは、うまく演じるほど、おもしろくなくなるという道理を持っているということだ。

あくまでも恐ろしいのが、鬼の本質だ。恐ろしいと感じる気持ちと、おもしろいと感じる気持ちとは、黒と白の違いのように、まったく正反対のものなのである。

そのように考えると、この鬼をおもしろく演じる役者がいたとすれば、この道を究めた達人と言えるだろう。

しかしながら、その場合でも、鬼だけをうまくこなせるような役者は、能における花、つまり芸の魅力のなんたるかを知らない役者であろう。

若い役者が演じる鬼の役など、なるほどうまく演じたなあと思えても、だからと言って特におもしろいものではない。

鬼だけをうまくこなすような役者がいたとしても、その得意技すらおもしろくないのが鬼の演技、ということにはなるまいか。

いずれにしても、漠然《ばくぜん》と鬼のものまねをするのではない、細かな動作まで究明し、稽古を積んでいく必要があるだろう。

もし、鬼をおもしろく演じられる心得を掴めたとすれば、その舞台はまるで岩の上に花が咲くような趣となるだろう。

●唐事

中国から渡ってきた人のものまねを、唐事《からごと》という。これはかなり特殊な役どころであるから、これをやるのだと決心して稽古すべきものでもない。

ただ、これをものまねする上で重要なのは扮装である。また面についても、中国人も我々と同じ人間とはいいながら、雰囲気が異なるものを着用すること。そうして、どこか一つ二つばかり、違う印象を与えるように、中国人風を演出するのがよいだろう。

このものまねは、経験を積んだ役者にこそ似合う役どころだ。ただ、扮装を中国風にするほかに手立てはない。謡にしても、所作にしても、どのように中国風に似せたとしても、おもしろ味に欠ける風体となってしまう。だからこそ、どこかひとつ、中国風の雰囲気を醸《かも》しながら、工夫を加えて演じることを心得ておくべきだ。

このように、ひとひねりすることで、普通と違う印象を与え、演技をおもしろくする方法は、ちょっとしたやり方だけれども、あらゆる役に応用できる工夫だと言える。

どんなものまねでも普通であることを逸脱し、異様に走るのは良いことではない。だが、そもそも中国風をきっちり似せようとしても、結局は意味がない。それよりも、普通と変わっていれば、何となく中国人めいているように観客は見なすだろう。そうすると、不思議とそれらしくなるのである。

ものまねの心得の数々のうち、おおよそのところは以上である。このほかにもっと細かい説明もあろうが、とても筆記しきれない。しかしながら、ここで採り上げた心得をよくよく極めることができれば、自然とこれ以上の精緻《せいち》な演技も会得《えとく》することができるだろう。

第三

問答条々

- 一切の事柄には「序破急」が適用されて然るべきで、能においても例外ではない。
- 「立ち会い」で勝つためには、演じることができる能を可能な限りたくさん用意して臨む。
- 能の命は「花」にこそある。
- 上手な者も下手な者も、他人の意見に耳を傾けるべきだ。
- 花を得ること。それはとりもなおさず、能の奥義を極めるということでもある。

問いその一

そもそも猿楽を始めるにあたり、当日になったら、まず開演前の観客席を見よと言われる。そうすると、その日の公演が成功するか否かを予測できるというが、これは一体どうやればできるのだろうか。

答え

これはきわめて難しいことである。陰陽道《おんみょうどう》、すなわち占いを体得した人でなければ、わかるものではない。

まず、その日の会場を見ると、今日の能がうまくいきそうか、それとも悪い結果となりそうかの前兆があるはずだ。

これを言葉で説明するのは、なんとも難しいものだ。しかし、おおよそ、私の見識をもって推測するなら、以下のようになる。

神事や、あるいは身分の高い方々の御前で舞う猿楽の場合など、大勢の観客が詰めかけ、会場がざわついて、なかなか静まらないことがある。

こうした時、能役者は客席が静かになるのをじっと待つ。観客は猿楽が始まるのを今か今かと待ちわびるようになる。やがて全員の心が一様に「今や遅し」とばかり、楽屋のほうに集中する。

この時を見計らって登場し、ひと声、謡い出すのだ。すると、そのまま客席もその声の調子に引き込まれ、会場内にいるすべての人の心が役者の演技と和合す

陰陽道
中国古代の陰陽五行説に基づいて、天文・暦数などの知識を用いて吉凶・禍福を占う方術。木火土金水の五行と日月、十干十二支の組み合わせに、相生相克の理をあてはめて吉凶を判断する。日時、方角をはじめ、人事全般に行為、運勢の良否を規定した。

る。こうなればしめたもの。どんな演技をしようとも、その日の猿楽は大成功間違いなしだ。

とはいえ、猿楽とは基本的に貴人がお出でになる頃合いを見計らって進行するもの。もし早くお見えになった場合は、さきほど述べた満を持して繰り出すような演出はすることができない。ともかく、すぐにも演目を始めることとなる。

ところが観客はまだ落ち着かず、遅れてかけつける者もいれば、立ったりすわったりする者もいたりする。皆の心はまだ能を鑑賞しようという準備ができていない。したがって、しみじみと演技が冴え渡るような雰囲気にさせることはたやすくない。

こうなった時の対処法としては、ともかく最初の能の演技で、いつにも増して動作にめりはりをつけること。これは何の役に扮装していてもあてはまる。そして、声をいつもより張り上げ、足踏みなども少しばかり高くするよう心がけたい。

つまり、立ち居振る舞いを際だって目立たせ、豪快に演じてみることだ。そうすることで、ざわつく観客を静め、舞台に集中させることができるのだ。

しかし、このような状況であればなおのこと、高貴な見物客の期待に応えるような演技をすべきであることは言うまでもない。

こうした場面での最初の出し物は、すべて思惑通りに成功することはまずない。それでも、高貴な方々の気持ちに応えようとすることは、能に携わるものの基本的な努めなのである。

こういう状況とは逆に、会場が早くも静まりかえり、客席がしみじみとした雰囲気に満ちていれば、まず、舞台が台無しになることはない。

結局のところ、舞台に詰めかけた客の気分がどのくらい前のめりになっているか。逆に盛り上がるべきはずの気分が、しらけぎみになってはいないか。そうしたことを考察し、能の出来不出来に見当をつけるのは、やはり陰陽道に熟達した人でなくてはできるものではない。

さらに付け加えると、夜の能楽は、ここまで説明してきたものとは、まったく様相が変わってくる。夜の舞台は遅い時間に始まるので、たいがい気分が湿りがちになる。そうであるなら、昼だと二番目に演じるようなおもしろい演目を最初に披露するとよいだろう。

最初に気分が沈むような演目を持ってくると、そのままの雰囲気で、最後まで盛り上がることなく、ずるずると行ってしまう。こうした事態を避けるためには、最初からできるだけ軽快で、いかにもほがらかな能を演じるべきなのだ。また、夜は客席が少しばかりざわついていても、一声歌い出せばすぐさましんと静まりかえるものである。

つまりは、昼間の能は後半で盛り上がるようにすること。そして夜の能は、最初から盛り上がるようにすることだ。最初の能から落ち込んだ雰囲気を作ってしまうと、なかなか挽回する機会は巡ってこない。

能の秘技にはこうある。そもそも一切の物事は、陰と陽とが調和する境のところで成就する。つまり、昼というのは明るい気に満ちている時間である。そのような気が満ちた中で、観客をどうにか静めて能を演じようとするには、陰の気を生じさせる働きが有効となる。

つまり、陽の気が優勢な所で陰の気を発生させることは、陰と陽とを調和させるという試みになるわけである。これこそが、能が首尾良くいくときの、いわば成功の秘訣となる。そして、観客がおもしろいと喜んでくれる元になるものである。

一方、夜は陰の気が支配している状態であるから、いかにもはつらつとした気分で、初めからよい能を演じて見せることだ。人が心をときめかせるのは、すなわち陽の気によるものだ。つまり、夜の陰の中で、陽の気を用いて調和を図るという定石である。

にもかかわらず、陽の気が満ちている時に自らも陽の演技をしたり、陰の気に支配されている時に陰気に振る舞ったりすれば、陰と陽が調和する機会がまったくなくなってしまう。こうなると能が成功するわけもないし、また、少しもおもしろくないだろう。

また、昼間であっても、時には何となく会場の雰囲気が湿っぽく、寂しそうだったら、それは陰の状態になっていると判断すべきだ。そして、観客の心が沈んでしまわないよう、心して能を演じなくてはならない。

昼はこんなふうに、時によっては陰気になることもある。ただ、夜なのに陽気になっている場面というのは、ほとんどない。

会場を観察してその日の能の出来不出来を当てるということは、こうした見方をすればよいのである。

問いその二

能の演目を構成するにあたって、「序破急」という、古来、音楽において用いられている盛り上がらせ方を、どのように応用すればよいだろうか。

答え

これには、たやすく適用できる法則がある。

そもそも一切の事柄には、この「序破急」が適用されて然るべきで、能においても例外ではない。つまり、それぞれの演目の趣に沿って、舞う順序を効果的に並べればよいのである。

まず、最初に演じる猿楽では、いかにも格式高い原典に由来する物語を演目に持ってくること。これは、気品を保ちながらも、それほど筋がややこしくないものがよい。音曲や所作も尋常なものにし、さらっと、さりげなく演じるのがよかろう。

序破急
日本芸能の形式や構成上の原理を表す用語。雅楽の楽曲構成上の三区分。洋楽の楽章に相当する。「序」は最初の部分で、拍子にはまらないのが特徴。「破」は曲の中間の部分で、音楽は拍子にはまるがゆるやかな速度で奏される。「急」は最後の部分で、序や破にくらべると少し急テンポ。舞楽のときは、序は登場音楽で、破と急は舞の伴奏音楽となる。序破急の三つが完備している曲が理想とされる。また能や浄瑠璃などでは、番組編成上の三区分として、五番立ての番組で、脇能を「序」、二番・三番・四番目を「破」、五番目を「急」とする。また脚本構成上の三区分として、「序」は導入部、「破」は展開部、「急」は結末部

この最初の曲で肝心なことは、めでたい能であるという点だ。どんなに素晴らしい演目を最初に持ってきたとしても、めでたさが欠けてしまっていては、出番としてはふさわしくない。たとえ能の作品としては多少見劣りしたとしても、祝賀の要素がありさえすれば差し支えない。

ただし、それが許されるのは「序」だからこそなのである。二番目、三番目に演じる能になってくると、得意な演目を持ってきて、観客を大いに盛り上げるよう努力をしなければならない。

特に最後の「急」まで来ると、文字通り、動きは急を帯び、あらん限りの動きを巧みに取り入れた演技を披露すること。

また、次の日の最初の猿楽では、前日の最初の曲とは違った演目をあてるべきだ。観客の涙をさそうような演目は、この二日目の中盤あたりに持ってきて、まさに絶好の時宜を見計らって演じるとよかろう。

問いその三

能役者が何人かで交互に競演し、その芸の優劣を競う「立ち会い」で勝つため

を指す意味にも使われる。さらには、演出上の三区分として、「序」はすらすらと平明に、「破」は技巧をつくし変化に富ませ、「急」は短く躍動的に演ずるという意味も持つ。

には、どのような心得をすべきだろうか。

答え

能において「立ち会い」は、肝心要の部分だ。まず、「立ち会い」で勝つためには、演じることができる能を可能な限りたくさん用意して臨むことだ。そして、対戦相手が演じる能とはまったく異なる能をぶつけることができるようにしておくとよいだろう。

序文のところで、「能を目指す者も和歌を積極的に学ぶとよいだろう」とすすめた。これは、まさに相手と異なる演目を舞う際に生きてくると言える。

というのも、能の場合、作者と演技者が別の場合がほとんどであるから、どんなに上手な役者でも意のままに演じることはなかなか難しい。これが仮に自作のものであれば、言葉も振る舞いも思いどおりに舞うことができるだろう。

そういうわけで、能を演じる者が和歌の才能を兼ね備えていたとしたら、猿楽を書くことなどたやすいはずである。能を書けるかどうかは、能の道を極める上で死命を制すともいえる。

どれほど達者な役者であっても、自ら創作した作品を持っていなければ、一騎当千の武者が戦場で武具を持っていないようなものだ。したがって自分自身で能を書く技能を鍛錬してきたのなら、まさにこの立ち会いの場で存分に示すべきだろう。

対戦相手が華やかな能を演じたとしたら、こちらは雰囲気を変えて静かな演技をぶつけてみればよい。観客にとっては、見せ場となることだろう。このように相手方と曲相を臨機応変に変えることで、たとえ相手の猿楽が上出来であったとしても、おいそれと負けることはない。もし、こちらの演技が上手にできたとすれば、勝利はほぼ間違いない。

立ち会い以外でも、猿楽の舞台においては、演技に対して「上・中・下」の序列がある。

正当な古典をよりどころとし、作風に斬新さがあり、なおかつ幽玄さを感じられ、おもしろさを併せ持った能には、「上」の評価が与えられるはずだ。したがって、良い作品を、より一層良くしようと工夫を凝らし、上手に演じることができるようになったものを第一の能とし、ここぞという場面で披露できるようにしておきたい。

また、能としてはそれほど高く評価される作品ではないものの、原作に忠実に演じれば悪いところはなく、役者から見ても上々の出来栄えに仕上がったものが、第二の能として準備すべきものである。

そして、作品はえせ能とも言うべきだが、原作の悪い部分を上手に修正し、工夫を重ねてよい作品に仕上げたようなものは、第三に演じる能というふうに位置づけておけばよいだろう。

問いその四

ここに、大きな疑問がある。すでに相当に年季の入った役者で、名人と呼ばれるほどの老練にもかかわらず、どういうわけか近頃出たての若い役者との立ち会い勝負に負けてしまうことがある。これは本当に不思議でならない。

答え

これこそ、まさに先に述べた三十手前の役者に見られる「時分の花」がなせるわざなのである。

年季の入った役者は、すでにこの花は失われている。新鮮味が感じられなくなったところへ、真新しい花が挑戦する。そうすると、若い役者が勝ってしまうことも十分にあるわけである。

しかしながら、本当に目利きの観客ならば、その違いを見抜けるはずだ。だからこれは役者同士というよりも、目利きかそうでないかという鑑識眼の勝負ということになり、舞台の外での優劣ということになるだろう。

ただ、若い役者と老練な役者との勝負については、さらにさまざまな事情がある。たとえば五十歳まで花が失われない優れた役者であれば、どんなに花のある若い役者が挑んだところで負けることはないだろう。

しかし、そこそこ上手だという程度の役者であれば、花が消え失せた時に、若い役者に負けてしまうこともある。

どれほど銘木であろうとも、人は花が咲いていない時の木など見はしない。一重のありふれた桜であっても、新しい花が今を盛りと咲き誇っているとしたら、観客は必ずそっちのほうに目を奪われることだろう。

こうした例をもとに考えてみれば、若い役者の一時に過ぎない花であっても、

「立ち会い」で老練の役者に勝てるのも理屈に合うだろう。

能というものをこのように見ていくと、肝心要とも言える真実がわかってくる。それは、能の命は「花」にこそある、ということだ。

それにもかかわらず、花がすでに失われてしまったことに気づかないで、かつての名声ばかりを頼みにする古参の役者は、まったく残念としか言いようがない誤りを犯している。

たとえ多彩なものまねに熟達していようとも、これこそ芸の魅力だという見せ方を知らなければ、花が咲いていない草木を集めて観賞するようなものだろう。

何万本、何千本もの草木は、花の色がそれぞれ異なっている。けれども人が面白いと感じるのは、花という存在であることに変わりはない。

同様に、ものまねできる演技は少ししかなくても、ひとつだけの花を選んで極めてきたような役者は、その芸域で得た名望が長続きするだろう。

一方、本人はたくさんの花を持っているつもりでも、それを観客にとって花に見える工夫にしなければ、人里離れた山間の桜や藪の中の梅が、誰にも見られることなく、いたずらに咲き匂っているだけになる。

また、ひと口に上手な役者といっても、さまざまな段階がある。たとえ能を相当に極めた名人だったとしても、観客に花を見せる工夫ができない役者はどうか。この場合、確かに上手だと世間では通っていても、その人が演じる花をめあてにやってくる観客が後を絶たないということにはならない。

一方、舞台の見せ方を工夫できる役者なら、たとえ能の技術は劣っていたとしても、芸の魅力といえる花は残るだろう。花さえ残っていれば、観客にずっと面白いと感じてもらえる。

だからこそ、誠の花を残している役者には、どんなに勢いのある若い役者でも勝つことはできないのである。

問いその五

能にも人それぞれ得手不得手がある。たとえ技能が見劣りする役者でも、これだけはという得意な芸を上手に演じたならば、あらゆる分野でもっと上手とされる役者に勝ってしまうことがある。

だとするなら、上手な役者も得意な芸で応戦すればよさそうなものだ。しかし、あえて上手な役者がそんなことをしないのは、できないからだろうか。それとも、そのようなまねはしないものなのか。あるいはしてはいけない決まりでもあるのだろうか。

答え

人には得意と言えるものがあるもので、これは能に限ったことではない。それは、生まれ持った才能というものだろう。

能の場合では、いくら役者が上でも、ある面だけはどうしても生来の才能が追いついて行かないということがある。とは言ってもこれは、ほどほどに上手という程度の役者にあてはまる例にすぎない。

あらゆる演技に工夫を尽くし、真に能を極めた役者なら、どんな分野であろうとできない芸などあろうはずがない。

言い換えるなら、能と演技の工夫を極め尽くした上手な役者とは、万人に一人もいない稀な存在ということである。どうしてそんなに珍しいかというと、工夫を凝らす努力をせず、怠けてしまう人間がおおかただからだ。

そもそも上手と言われる役者にも欠点はある。また、下手な役者にも必ずどこか長所があるものだ。ただ、これらどちらの事柄についても誰も気づいていないばかりか、当の本人たちすら自覚していないことが多い。

上手な者は名声に寄りかかり、達人であることに自惚《うぬぼ》れて、自分の欠点を見過ごしてしまう。下手な者はそもそも工夫を怠り、自分の欠点すらわからない。さらには、このように欠点に気づかない者は、たまたま持っている長所にも気づかない。そうだとするなら、上手な者も下手な者も、もっと他人の意見に耳を傾けるべきだろう。

対照的に、能を極め、工夫を重ねてきた者は、そうしたことが、いかに大切かがよくわかっているのである。

どんなに滑稽とすら言える役者であっても、その演技のどこかに長所を見いだしたとしたら、上手な人であってもそれは素直にまねるべきだ。こういう姿勢こそ、道を極めるための第一の方法なのである。

ところが、せっかく見所があると気づいても、自分より下手な者のやることだからと無視し、まねることをはばかるという傾向が、この世の中にはある。そんな常識に縛られてしまっていては、自分の欠点に気づくことすらできなくなるだろう。これがすなわち、能と工夫を極めることができない心理である。

逆に、下手な役者が、上手な役者の悪いところに気づくことがある。その場合、「上手な人にも苦手があるのだから、さぞかし自分などは欠点だらけなのだろう」と考えられたとしたら、どうだろう。そして、そのことにいい意味で恐れを抱き、周りの人に自分の芸はどうかと尋ね、芸に工夫をこらすようになったとしよう。そうして稽古にいっそう励めば、能の技術もめきめきと上がっていくことだろう。

ところがこうしたことをやろうともせず、「上手な役者だか何だか知らないが、あのざまだ。自分ならあんなおかしな演技はするものか」と、驕り高ぶっている始末。せっかくの自分の長所すら分からずじまいの役者とは、おおよそこのようなものだ。

自分の長所をわかっていなければ、悪いところも、良い点だと勘違いしてしまう。こんなふうでは、どんなに年数を経ようが、能の腕はいっこうに上がっていかない。下手な役者の心中とはこの程度なのである。

上手な人でも、自分の腕に自惚れていれば、能の技能は下がってしまう。まして、下手な人が何を勘違いしたか自分の腕に自惚れていたとしたら、もうどうしようもない。自分に思い当たるところはないか、よくよく振り返ってみてほしいものである。

「上手は下手の手本、下手は上手の手本である」と肝に銘じ、芸に工夫を重ねていかなければならない。

技術においては未熟な役者にも良いところがあったらどんどん取り入れ、芸の持ち駒に加える。これこそ、上達するための方法論の極みと言える。

人の悪いところを見るだけでも、自分にとっては良い手本となる。ましてや、良いところを見極めるよう心がけることは、このうえない上達の手立てとなるだろう。

「稽古は一心に打ち込むこと。驕り高ぶって自己流に固執してはいけない」と、序文の終わりに記したのは、まさにこの方法論を示したかったからである。

問いその六

能では、芸の位がどのくらいなのか、どうやって判別すればよいだろうか。

答え

これは目利きであれば、たやすく見分けることができるもの。そもそも芸の位が上がるというのは、稽古を重ねて芸の段階が順次上がっていくことを意味する。

ところが不思議なことに、十歳くらいの子どもの役者にも、この格がおのずと備わっている芸風を見いだせる場合がある。それでも、やっぱり稽古に一生懸命励まないことには、いくら自然にその格が備わっていたとしても無駄である。だから、まずは稽古を熱心に重ねることだ。そうすれば、役者として芸の位が上がっていくのは、至極まっとうなことなのである。

生まれつき備わっている格を「たけ（長）」と言い、芸の品格のことを指す。一方、これと区別して「かさ（嵩）」というものがある。多くの人がこの「たけ」と「かさ」とを混同して考える。

「かさ」というのは、押し出しが堂々としており、迫力のある演技のことである。さらに言うなら「かさ」とは、どんな演技でもこなす芸域の広さである。

たけ（長）
芸の品位・品格。和歌や俳句の備える風格。スケールの大きさ。

かさ（嵩）
芸の幅や厚み、重み、威厳、貫祿。才能、器量。

「位」と「たけ」とは、お互いにまったく別のものである。

たとえば幽玄さを生まれ持った役者がいるとしよう。これは「位」を示している。

しかしながら、役者としての幽玄さにはまったく欠けるけれども、「たけ」を持っている者もいる。これは「幽玄」や「かさ」とは異なり、単に「たけている役者」にすぎないのである。

また、初心者は注意しなければならない点がある。「位」を目指すだけの稽古は、残念ながらまずその望みはかなえられない。努力すればするほど願う「位」に届かないという不満が募っていき、しまいには稽古をする意欲すら失われる。そしてもとからあった「位」さえも下がっていくのである。

結局、「位」や「たけ」は生まれ持った才能によるところが大部分で、あとから得ようとしても叶わないものなのである。それがないのに、闇雲に大きな目標を掲げても、実現はおぼつかない。

ただ、稽古を一心に積み、役者として洗練されていけば、自然と「位」が出てくることもある。と言うのも、稽古とは、謡、舞い、演技、ものまねといったあらゆる演技を極めるための枠組み、すなわち規範となるものだからである。

位
物事の順位・等級・位階などを表す。また、芸道上の力量の程度や到達し得た境地。

よくよく思慮を巡らせてみてほしい。「幽玄を」醸し出せるような魅力は、はたして生まれつき備わった「位」なのだろうか。「たけたる位」とは、稽古を極めた結果なのだろうか。

これは、心の中でよく考えてみるべき問いではなかろうか。

問いその七

謡曲で歌われる言葉を、身ぶりで表現するには、どうすればよいだろうか。

答え

これは、ものまねについて細かな稽古を積み重ねて初めて表現できるものだ。能においては、あらゆる動作に相当するのが、言葉を身ぶりで表現することなのである。体拝（身の構え）あるいは「身使い」といった所作もそうだ。

たとえば、謡曲では、歌詞の通りに心をゆだねて演技をしてみるとよいだろう。「見る」という言葉が歌われていたら、物を見る動作をする。「指す」や「引く」という言葉が出てきたら、聞き耳を立てるような所作をする、というようにだ。あらゆる言葉の通りに身体を動かしてみることで、自然と謡曲に合った演技ができあがってくるのである。

第一に身体を使うこと。第二に手を使うこと。第三に足を使うこと。これらが稽古の際、心がけるべきことだろう。どんなに巧みに手足が動かせる者であっても、身体が上手に動かなければ、謡曲に歌われる言葉と所作とが一致しない。身体の使い方が巧みであれば、手足は自然と器用な動きができるものだ。したがって、身体を第一に挙げることとする。

次に、舞や演技で舞台に花を咲かせるのは、手の動きだ。したがって、手が第二に挙げられる。そして足は、舞や所作の土台となるものである。だが、作品や演技の中で花を咲かせるものではないので、第三としたい。

さらには、謡曲の節やその趣によって、身の振る舞い方を考慮すべきだろう。これを文字で説明することは、とても難しい。実際に稽古を行う現場で、上級者の演技を観察しながら学んでいくほかはあるまい。

謡曲の文言を身体で表現できるよう稽古を重ね、これを極めていくと、唄と演技が一心同体となる。

この境地に達することは、能においては、相当に高度な領域で技術を体得したことを示している。堪能《かんのう》という言葉があるけれども、そう呼ばれる役者とはこの境地に到達した人々であり、まさに秘伝を会得した人のことである。

謡曲と所作は本来、別々のものである。しかし技術を極めることによって、この二つを一つの心になるよう統合させることができた達人は、無上第一の名人と言えるだろう。そうなってこそ、本当の意味での強い能を演じることができるのである。

ところでこの、強い、弱いということについて、多くの人が誤解をしているようだ。荒々しさに任せて品位に欠ける演技を強い能と見なし、儚《はかな》げに見える弱々しい演技を幽玄であると評されることがある。だが、これはまったく、おかしな話である。

どんな演技を見ても安心して見ていられる手堅い役者が、強いということだ。また、どこから見ても花があるのが、幽玄という名にふさわしい役者なのである。

そして、言葉を身体で表現する方法を極めた役者は、謡曲と演技を一つの心として一体化させることができる。それはすなわち、強さと幽玄という二つの能の

堪能

才能に優れ、その道に深く通じていること。「かんのう」は「たんのう」の本来の読み。

境地のどちらについても、おのずと極めた役者に他ならない。

問いその八

よく「しおれている」という批評を耳にすることがある。これはどういうものを指しているのだろうか。

答え

これは、わざわざ書き記すほどのことでもないだろう。そもそも「しおれている」ということが、目に見える具体的な演技としてあるわけではない。とは言え、確かに「しおれた」と呼ばれる風情は存在する。もっともこれは、その役者の演技に花があったうえでの芸風なのである。

よくよく考えてみると、この「しおれた」演技を、普段の稽古や舞台の上での振る舞いの中でできるかというと、それは無理なのである。

あくまでも、花を極めたうえで悟ると言ったほうがふさわしい、演技の一境地なのである。したがって、あらゆるものまねを体得していなくても、たった一つでも花を極めた役者ならば、この「しおれた」境地が開けてくることもあるだろう。

つまり「しおれた」という演技は、花がある演技よりもさらに上の境地ということになる。

花は咲き、それがやがてしおれる。だからこそ風情もあるというもの。花がなければ、しおれてみたところでなんの意味もない。それは、せいぜい湿ったという程度のものだ。咲いた花がしおれるからおもしろいのであって、花の咲かない草木がしおれてみても、何のおもしろみもないのである。

そうであるなら、花を極めることこそもっとも大事なこととなる。けれども、そのこと自体、とても困難である。そのうえさらに、「しおれた」風体に到達するとなれば、それを習得することは、どれほど難しいことになるのだろう。

だから、「しおれた」という境地は、言葉で表現することすら困難なのである。古い歌にこんな歌がある。

「うす霧のまがきの花の朝じめり、秋は夕べと誰か言いけん」

古い歌
『新古今和歌集』藤原清輔

「うす霧のまがきの花の朝じめり、秋は夕べと誰か言いけん」
薄霧のただよう垣根に咲く花の朝湿りはなんと風情があることか。秋は夕暮れが趣深いとは、だれが言ったのだろうか。

また、こんな和歌も収められている。

「色見えで移ろふものは世の中の　人の心の花にありける」

「しおれた」とは、このような歌に表現される風情のことである。能ではどのような演技がこれに相当するのか、心の中で考えを巡らせてみるとよいだろう。

問いその九

能においては、花というものについて理解することがとても大事だと、これまでの項目を見てきてわかった。それでも、まだ、わからないことがある。それは、この花というものをどうすれば手に入れることができるのだろうか？

答え

花を得ること。それはとりもなおさず、能の奥義を極めるということでもあ

「色見えで移ろふものは世の中の　人の心の花にありける」
花ならば色が変わっていくのははっきりと見えるものだが、色が見えないで移り変わるものは、世の中の人の心という花だったのだなあ。『古今和歌集』小野小町

る。

能の道を極めることは非常に困難であり、秘伝と言われるのも、この花を得ることが避けては通れない道となっているからだ。

まず、花を得るということは、すでに稽古やものまねの項目で詳しく述べてきた。

幼児ゆえの時分の花、声変わりする前の花、少年の美しい姿が醸す幽玄の花。こうした花は観客の目にもはっきりと認識できるものだ。どれも、若いからこそ咲かせることができる花であるから、自然界に咲く花と同じで、やがて散ってしまう時がくる。

能の世界では、散ることのない命久しい花を咲かせられなければ、天下に名声を博すことはできない。

能におけるそんな誠の花とは、咲かせる方法も、散らせる方法も、思い通りにできることだろう。そうでなければ、永続する花にはなり得ない。

では、その永続する花を手に入れるには、どうすればよいのだろうか。このことについては、後の「第七　別紙口伝」で、改めて述べることとしよう。

ただ、花を知ることを、面倒なことだと思い込んではならない。

まず七歳から始まる「年来稽古（第一）」の項で述べた教えの数々。また、「ものまね（第二）」の項で説明した各種の演技方法。こうした稽古を通じて、役者は心の中で何度も繰り返して覚えることだ。そしてできうる限りの能を演じ尽くし、工夫を極めることが大事なのである。

その努力の先に、花を失うことなく演技していく境地を理解することができるのである。このようにあらゆる能の演目を極めていく姿勢が、能を体得するための種になる。

だから、花を知ろうと思ったら、まず種の何たるかを知るべきだ。花は心の工夫で咲かせるもので、種はその工夫を可能にする稽古のことなのである。

その昔、古人もこのように述べている。

人にはもともと仏になるべきすべての条件（種）がそなわっており、仏が降らす恵みの雨に応じてその仏種はすべて芽吹くのである。すみやかに花の咲く道理を悟ったならば、成仏という果実はおのずから達成されるのである。

古人
禅宗の慧能大師。

人にはもともと仏に……
心地含諸種
普雨悉皆萌
頓悟花情巳
菩提果自成
心地にもろもろの種を含む
あまねく雨にことごとく皆萌す
にわかに花の咲く情を悟りぬれば
菩提の果実は、自ずから上手

●追記

長らく猿楽の家を守り、芸を大切に思ってきた。

亡き父、観阿弥が申し置いた教えの数々を心に刻み止め、その教えのおおよそを筆録したのが、本書『風姿花伝第一～三』である。

世間からの批評を顧みることなく、あえて筆を執ったのは、能の道が廃れてしまうことを憂えばこそのことである。

まったくもって他人の才覚に口を挟もうなどという了見はない。

ただ、私の子孫の教えになるようにと願い、本書をしたためた次第である。

『風姿花伝』の条々は以上である。

応永七年庚辰の年、四月十三日。

従五位下左衛門大夫　秦の元清の書。

秦の元清
大和猿楽の遠祖が秦河勝とされるため、秦氏の姓を名乗ったとされる。

第四

神儀に云わく

●能の起源は、天照大神の時代にある。
●インドではお釈迦様が能の起源であるとの言い伝えもある。
●日本における能は、天から降ってきた子、秦河勝が創始した。
●平安時代には、天皇が猿楽を、天下太平を願う祈祷の芸能にしようと決断された。
●春日大社と興福寺で行われる薪猿楽は、魔除けの儀式を行っていたことに由来する。

●その一

遠い昔の神々の時代、猿楽がどのように始まったかをかいつまんで語ってみたい。

太陽の神、天照大神《あまてらすおおみかみ》が天の岩戸におこもりになったことがある。その時、この世は真っ暗闇となってしまった。そこであらゆる神が天香具山《あまのかぐやま》に集まった。

天照大神
日本神話中の最高神で、記紀（古事記、日本書紀）神話の女神。太陽神と皇祖神の二つの性格をもつ。伊弉諾尊《いざなきのみこと》の子。伊勢の皇大神宮（伊勢神宮）の内宮に主神としてまつられている。

天香具山
奈良県飛鳥地方にある山で、高天原＝天から降った山だという言い伝えからこの名がある。

そして大神のご機嫌を取ろうとして神楽を演奏し、ものまね芸などをおもしろおかしくお始めになったわけである。

その中から天の鈿女《あまのうずめ》の尊《みこと》が進み出られた。そして榊《さかき》の枝に布切れを付け、歌声を上げ、庭火を焚き、足を踏みならし、何かが乗り移ったように、歌い、舞い、奏でられた。

楽しげな声がひそかに聞こえたので、大神は何事だろうと岩戸を少しだけお開きになった。その途端、国中は、ぱっと明るくなった。神々のお顔は日の光を受けて、白く輝いたのである。

その時の歌や舞いこそ、猿楽の始まりと言われている。詳しくは口伝にある通りだ。

● その二

お釈迦様《しゃかさま》がいらっしゃるインドでは、このような言い伝えもある。

むかし須達長者《すだつちょうじゃ》というお釈迦様の弟子のひとりが、我が師のために祇園精舎《ぎおんしょうじゃ》という寺院を建立した。

天の鈿女の尊
日本神話にみえる神の名。「うずめ」は舞踊をつかさどった巫女の意とされる。

お釈迦様
仏教の開祖。正しくは釈迦牟尼、釈尊。生没年には諸説ある。サンスクリットのシャーキャの音写。釈迦はもと北インドの一部族の名であるが、その部族出身の仏陀という意味で現在は広く使用されている。俗姓をゴータマ、名をシッダールタという。

須達長者
釈迦の時代の中インド舎衛城の長者。波斯匿王《はしのく》の大臣。

祇園精舎
古代インドの舎衛国にあった僧院。祇陀太子のもっていた林を買い取り、そこに釈迦および弟子たちのために建てた僧坊。

その落成を祝って法要を営み、お釈迦様を迎えて説法をお願いした。ところが提婆《だいば》という別の弟子が須達長者をねたみ、一万人の異教徒を従えてその場に乗り込んだ。

提婆の輩どもは木の枝や笹の葉に布を付け、大声を張り上げながら、飛んだり跳ねたりして、邪魔をした。これでは、せっかくの法要も続けることができない。

そこでお釈迦様は、舎利弗《しゃりほつ》という弟子に目配せをなさった。その途端、舎利弗は仏の霊力を得て、お釈迦様の意図を悟った。そして祇園精舎の裏手のあたりで鼓や笛を準備した。

楽器の調子が整ったところで、お釈迦様の三人の弟子もうち揃った。才覚のある阿難《あなん》、知恵に長けた舎利弗、話術が巧みな富楼那《ふるな》だ。三人はそれぞれの特技を駆使し、六十六番のものまね芸を始めた。

異教徒たちは笛や鼓の音を聞きつけ、仏殿の後ろに引き寄せられた。するとそこでは芸が催されているではないか。途端に見物が始まり、あたりはすっかり静かになった。

その隙に、お釈迦様は法要のご説法をなさった。この時の芸が猿楽の起源とな

提婆
提婆達多。釈迦のいとこで出家前の競争相手。釈迦が出家し悟りを開いて以後、その弟子となったが、のち離反し、阿闍世王と結んで仏教教団に対抗したという。仏典では生きながら地獄におちた極悪人とされるが、仏教から分立した禁欲主義的な宗教運動の組織者としての一面もある。

舎利弗
インドの僧で釈迦十大弟子の一人。高弟の随一とされ、「智慧第一」と言われた。

阿難
インドの僧で釈迦のいとこ、十大弟子の一人。正しくは阿難陀と言う。釈迦の説法を聞くことが仏弟子中もっとも多く、「多聞第一」と言われる。

り、インド中に広まっていったと言われる。

●その三

では、日本の歴史の中では、猿楽のはじまりについて、どのように伝えられているだろうか。

欽明《きんめい》天皇の御代にこんなことがあった。当時、大和国の泊瀬川《はつせがわ》で洪水があり、川上から壺がひとつ流れてきた。

三輪山にある大神神社の杉の鳥居のあたりで、ひとりの殿上人がこの壺を拾った。壺の中には赤ん坊が入っており、その容貌は柔和で、玉のように美しい子だった。

これは、天から降ってきた子にちがいないと思い、朝廷に知らせた。その晩のこと、欽明天皇の夢にその赤ん坊が現れ、こう語ったという。

「私は中国を統一した秦の始皇帝の生まれ変わりである。日本の国に縁があって、今、こうして現れたのだ」

富楼那
インドの僧で釈迦十大弟子の一人。教えを弁舌さわやかに説くことにすぐれ、弟子の中で「説法第一」と称された。

欽明天皇
510頃～571年、第29代の天皇。在位中に百済から仏教が伝来したとされる。

大和国
畿内の一国で現在の奈良県。もと倭、大倭、大養徳などと書き、大和朝廷を構成する豪族らの本拠。

泊瀬川
奈良盆地を流れる初瀬川の古称。

天皇は不思議なことだと思われ、すぐにその赤ん坊を御所に連れてきて育てさせることにした。

この子は成人すると、ことのほか学業に才能を発揮した。そしてわずか十五歳で大臣の位に昇り、天皇から「秦《はた》」という姓を下された。「秦《しん》」という文字は、訓読みで「はた」となるからだった。ともあれ、ここに秦河勝《はたのかわかつ》が誕生したことになる。

その後、聖徳太子が政に携わるようになった頃のこと。日本の国にちょっとした内乱が起こった。そのため聖徳太子は、神代の昔の天照大神や、遠くインドのお釈迦様のめでたい例にあやかり、六十六番のものまねを執り行うよう、秦河勝に命じられた。このとき太子は、この六十六番の面を自ら制作し、それをそっくり河勝にくださった。

さっそく河勝は、大和国の橘《たちばな》にあったという紫宸殿《ししんでん》で六十六番のものまねを披露した。その甲斐あって天下は治まり、この国に平和が訪れた。

聖徳太子は末代のもろもろの人々のために、神楽と呼ばれていたものを「神」

三輪山にある大神神社
奈良県奈良盆地南東部、桜井市北部にある標高467mの山。古来信仰の山で、全山が旧官幣大社である大神神社の神体とするため、山麓に拝殿はあるが本殿はない。

秦の始皇帝
前259~前210年。最初に中国を統一した国である秦の初代皇帝。前221年に中国を統一して絶対王制を敷いた。中央官制の整備、郡県制の実施、度量衡・文字の統一、焚書坑儒による思想統一など大きな成果をあげる一方で、匈奴を攻撃して万里の長城を築き、南方に領土を拡大し、秦の名を外国にまで広めた。

秦河勝
聖徳太子
45ページ注釈参照。

という字の偏を取り、つくりだけを呼び名に残そうと考えられた。

これは暦で用いられる「申《さる》」という文字になるので、「申楽《さるがく》（＝猿楽）」と名付けられた。要するに、楽しみを申すという意味を込めた名前なのである。また、ひとつには神楽から枝分かれしたことを示すために、このように漢字の偏とつくりを分割したのである。

秦河勝は、欽明、敏達《びたつ》、用明《ようめい》、崇峻《しゅしゅん》、推古《すいこ》という五代の天皇と、聖徳太子にお仕えした。そして猿楽の芸を子孫に伝えた。

その後「人以外のものは、その痕跡をこの世に残さない」と言われるとおり、河勝は摂津《せっつ》の国の難波浦《なにわうら》から丸木舟に乗って、風のままに瀬戸内を西へ向かった。

やがて舟は播磨国《はりまのくに》の越坂浦《しゃくしうら》にたどり着いた。浦の人々が舟を浜に上げて中をのぞいて見ると、姿は人とは似つかないものに変わっていた。そして浦に住むたくさんの人に取り憑いたり、祟《たた》ったりした。また、人々の口を借りて、さまざまな託宣を下したりもした。そこで彼を神としてお祀りすると、国中が豊かになっていった。

神となった河勝は、「大いに荒れる」と書いて、大荒《おおさけ》大明神と名付けられた。

紫宸殿
平安京内裏の正殿。即位・朝賀・節会などの諸種の儀式や公事を行った。

「申楽（＝猿楽）」
本書現代語訳では「猿楽」と表示している。

敏達、用明、崇峻、推古
欽明天皇以降の第30～33代天皇。

摂津の国
現在の大阪府北西部と兵庫県南東部。

播磨国
現在の兵庫県の南西部。

ここは今の世に至ってもなお、霊験あらたかなところである。
大荒大明神の本体は、毘沙門天《びしゃもんてん》でもあらせられるとのことだ。聖徳太子が物部守屋《もののべのもりや》という謀反人を滅ぼされた時も、この河勝の神が乗り移った矢先にかかって守屋は討ち死にしたと語り継がれている。

●その四

時は移り、平安京を定められた村上天皇の御代のことである。天皇は、かつて聖徳太子が猿楽とはいかにめでたいものかについて記された『申楽延年の記《さるがくえんねんのき》』をご覧になった。
この本には、まず、猿楽がどのように誕生したかが記されていた。日本の神話の時代における猿楽の起源のほかに、お釈迦様のインドに始まって、遊牧民の月氏《げっし》に伝わり、やがて中国を経て、この日本へ伝わってきた経緯が説明されていた。
それによると、猿楽とは戯れの言葉や一風変わった言い回しといった技を駆使しながら、実は、諸仏を讃え、その教えを広めるという仏縁を守るものであるこ

毘沙門天
仏像の四天王の一つで、北方の須弥山第四層中腹北側に住む守護神。日本では七福神に数えられる。

物部守屋
6世紀に大和朝廷で勢力を誇った豪族で物部氏の長。大陸文化の仏教の受け入れに反対し、崇仏派の蘇我馬子と対立した。

平安京
桓武天皇の794（延暦13）年から1869（明治2）年の東京遷都まで1000年あまりの都（平清盛の福原遷都を除く）。いまの京都市の中央部。

村上天皇
926〜967年、第62代天皇。

と。また、魔物を退け、福徳を導くものだということ。そして、猿楽舞を奏でると、国土は平和となって民が平穏に暮らすことができ、長寿を全うすること。

こうしたことを、聖徳太子自らがはっきりと記していることを、村上天皇は目の当たりにされた。そこで天皇は「それならば猿楽を、天下太平を願う祈祷の芸能にしようではないか」と決断されたのである。

さて、そのころ猿楽はどうなっていたかというと、創始者である秦河勝から代々この芸は着実に継承されていた。この時代には遠い子孫である秦氏安《はたうじやす》が中心となって、猿楽を盛り立てていた。氏康は村上天皇の命を拝し、六十六番の猿楽を天皇の御所で披露したのだった。

また、ちょうどその頃、紀権守《きのごんのかみ》という才能あふれる人物がいた。この人物は秦氏安の妹婿にあたり、御所での披露の折りには、氏康と一緒に猿楽を演じたと言われる。

その後、六十六番まではとても一日では演じきれないというので、その中から演目を厳選することになった。それが「稲経《いなつみ》の翁」、「代経《よなつみ》翁三番申楽」、「父《ちち》助《のじょう》」だ。以来、この三つの演目が基本となり、今の世の「式三番《しきさんば》」となったわけである。

月氏
中国の秦～漢代に中央アジアで活躍したイラン系遊牧民族とされるが、人種的帰属は不明で、チベット人、トルコ人などさまざまの説がある。

この「式三番」という演目は、仏教の法身《ほっしん》、報身《ほうじん》、応身《おうじん》になぞらえ、三身の如来《にょらい》を象徴し奉ったものである。「式三番」の口伝は、別の書で書き記そうと思う。

秦氏安以来、光太郎《みつたろう》を経て金春弥三郎《こんぱるやさぶろう》に至るまで、実に二十九代を数える。これが大和の国にある円満井座《えんまんいざ》の祖先なのである。

また、秦氏安から円満井座に伝えられているものとして、聖徳太子が制作した河勝面、春日大明神の御真影《ごしんえい》、仏舎利《ぶっしゃり》の三つがある。

●その五

現在もなお、奈良興福寺《こうふくじ》の維摩会《ゆいまえ》の折には、講堂で仏事が催される機会に、食堂で延年舞《えんねんまい》が披露されている。

これは邪教の者たちや、魔物どもをおとなしくさせるためのものである。その間、食堂の前では維摩経が講じられる。これはつまり、冒頭で述べた、お釈迦様のいらしたインドにおける祇園精舎のおめでたい例を再現しているわけである。

この大和の国にある春日大社と興福寺で行われる神事は、薪《たきぎ》猿楽と言われる

円満井座
大和猿楽四座の一つで大和国竹田にあった。のちに金春座となった。

仏舎利
お釈迦様の遺骨。

興福寺
奈良市登大路町にある法相宗の本山。710（和銅3）年遷都に伴い、藤原不比等が創建した。

維摩会
仏教行事の一つで、『維摩経』を講読して供養する法会。特に奈良の興福寺で陰暦10月10日から16日までの7日間行われるものが南京三会の一つとして著名。

延年舞
寺院芸能の一つで、僧侶、稚児たちが行なった歌舞。平安中期に起こり、鎌倉、室町時代に盛んに行なわれた。

ものだ。これは薪に火をつけ、魔除けの儀式を行っていたことに由来する。

そして二月二日と、同じ月の五日、春日大社と興福寺において催される四座の猿楽が芸を披露するのが、一年における御神事の初めとなる。これは天下太平をご祈祷するための能なのである。

第五

奥義に云わく

●能の道に情熱を抱き続け、芸を重んじながら、私心なく稽古に励めば、大きな成果を挙げることができるはずだ。
●能の魅力とは、正しい伝統を踏まえながら、その一方で言葉では伝えきれない部分を心から心へと伝える、芸の神髄とも言うべき花である。だからこそ、本書を『風姿花伝』と名付けたのだ。
●どんなに芸に熟達しようとも、それに工夫を重ねていかなくては、人に幸福を提供するような演技はできない。
●まっすぐ、一点の曇りもない心こそ、この世にあらゆる幸福をもたらす妙なる花を咲かせるもとになるのだと心得て、芸の稽古に励むべきだ。
●本書をしたためたのは、その芸の伝統を守り、かつ、能の道のため、我が家門のためである。決して、私心によるものではない。

●その一

そもそも、この『風姿花伝』で述べている事柄は、むやみに公開するような内容ではない。もともとは、子どもたちに教訓を残そうと記したものだ。けれども、私が望んでいたもともとの執筆動機とは、次のようなことである。

今の時代、能を志す同輩たちを見ていると、芸の稽古はいい加減で、本芸はそっちのけだ。その代わり、よけいなことに精を出してばかりいる。たまたま興行が大当たりすると、その場限りの喝采《かっさい》と、ちょっとばかりの名声に浸ってしまう。彼らは芸の本質を忘れ、能の伝統をすっかり見失ってしまっているようだ。これはもう、能の道が廃れるという嘆かわしい事態になっているのかと思わずにいられない。

能の道に情熱を抱き続け、芸を重んじながら、私心なく稽古に励めば、大きな成果を挙げることができるはずだ。

とりわけこの能という芸は、古くからの伝統を引き継いでいるとはいうものの、自分の創意で振る舞いを工夫していく余地もまたあるのだ。したがって、その魅力を言葉で語り尽くそうとするのは無理なほど、奥が深い。

能の魅力とは、正しい伝統を踏まえながら、その一方で言葉では伝えきれない部分を心から心へと伝える、芸の神髄《しんずい》とも言うべき花なのである。だからこそ、私は筆を執り、本書を『風姿花伝』と名付けたのである。

●その二

おおよそ、能の捉え方は、近江地方と大和地方とでは、少しばかり違っているようだ。

まず、近江では幽玄さを第一とし、美しい仕草を見せることを大事にしている。ものまねはどちらかと言えば二の次だ。

一方、大和はどうかと言えば、まずものまねを第一にしている。ありとあらゆる写実的なものまねを極め尽くし、また、あらゆる演目を大量にこなし、その上で幽玄な美しさを演じようという考え方だ。

とは言え、本当に上手な役者なら、どちらの芸風であろうとも、演じ残すようなことがあってはならない。一方面の芸しかできない役者がいたとしたら、それはまだまだ、本当の意味での能を会得《えとく》していない者ということになるだろう。

さて、この大和の能についてだが、こちらはものまねや、それぞれの役柄によるせりふ回しのおもしろさを基本とする。そしてたとえば、堂々とした風格のある演技や、あるいは怒り狂った様子などを得意とする。また、観客もやはりそれを期待する。

普段の稽古も、もっぱらこうした部分に重点を置いて行うことになる。

しかし、実を言うと、亡き父が名声を博していた絶頂期に演じていた「静が舞」の能や、「嵯峨《さが》の大念仏」の女物狂いのものまねなどは、とりわけ得意な出し物だった。

こうした演目で、父が天下の賞賛や名望を得ていたことは、まぎれもない事実だった。まさに幽玄さ漂う無上の芸風だったと言えるだろう。

一方、稲作のための農作業から始まった「田楽《でんがく》の能」というものがある。これは、能の世界でも異彩を放つ存在だ。観客も皆、こと田楽に関しては「猿楽の演目にはまったく及ばないもの」と、平気で思い込んでいるようだ。

けれども、田楽本座の一忠《いっちゅう》など、このところ天才の名をほしいままにしている。この名手は、あらゆる演目、ものまねを演じ尽くしている。なかでも鬼神の

田楽本座の一忠
生没年不詳。南北朝時代の田楽本座の能役者。田楽のスタープレーヤーで、観阿弥や道阿弥ら猿楽の役者にも大きな影響を与えたとされる。

ものまねや、荒々しい役柄の演技は、完璧とも言える見事さだと聞く。

だからこそ亡き父は、一忠のことを「自分にとっては演技の師である」と称え、正当に評価していたのである。


さて、どんな人も意固地《いこじ》になったり、時にはできないからと言って、一方面の芸ばかりに集中したりしがちとなる。その結果、あらゆる芸風の演技をこなすことの素晴らしさを知らないまま、他座の芸風を嫌うことになるのである。

これは本当のところ、嫌っているのではない。ただ、実力不足なゆえの頑《かたく》なさである。

できないことをそのままにしておくと、仮に一時、評判になったとしても、長続きする花がなくなり、天下において名声を博すまでにはならない。

対照的に、あらゆる種類の演技に長けた役者なら天下にも認められるし、やはり観ていておもしろいと思えるに違いない。

能の作風や基礎となる演技の様式は、それぞれの流派で違うけれども、おもしろいと感じさせてくれる要素は、あらゆる能に共通なのである。このおもしろさを醸成するものが、やはり花なのだろう。

この花は、大和猿楽、近江猿楽、あるいは田楽の能にとっても、必要不可欠なものだ。すべての能に欠かせないものを持っている役者であるなら、天下に認められ、名声を得ないはずがないのである。

さらに付け加えるなら、たくさんのものまねをすべて極めなくても、たとえば十あるうち七つ、八つを極めたくらいの上手な役者がいるとしよう。そして、その中でもとりわけ得意な能を、自分の一座を代表する演目になるまで、一心に磨き上げたとしよう。この演技にさらなる工夫を重ねていったなら、この役者はおそらく、京の都において天下の名声を得ることができるに違いない。

しかし、突き詰めてゆくならば、すべての面で完璧だと言えない部分があると、興行する町や客層の違いによっては、褒められもすれば、けなされもする。評価が分かれてしまうのも、やむを得まい。

●その三

そもそも能の世界で名声を博すと言っても、いろいろな場合がある。たとえば、上手な役者でも、目利きではない観客が相手だとしたら、その演技が気に入

大和猿楽　中世、大和国に本拠地をもって春日神社の神事などに奉仕した猿楽の座の総称。大和四座が著名で、近世以降の猿楽の主流となった。

近江猿楽　中世、近江の日吉神社・多賀神社に属した猿楽団体。みまじ・山階・日吉などの諸座があったが、室町末期には大和四座に押されて衰退した。

られるのは難しい。

下手な役者が目利きの好みに合わないのは、別に不思議なことではない。けれども、上手な演技をしているのに、目利きでなない者に気に入られないというのは、これはもう、観客の鑑識眼《かんしきがん》の至らなさの結果としか言いようがない。

しかし能の道に熟達した名人で、芸に工夫ができるような役者なら、そういう場面でも、目利きでない観客が観てもおもしろいと思うような能を演じることができるものだ。

この工夫と、相手に応じることができる巧みさを持った役者こそ、花を極めている、と言えるのではないだろうか。

このような境地に到達した役者なら、どれほど年を取っても、若さ故の魅力に引けを取ることはないのである。

また、こういう境地に至った役者だからこそ京の都でも認められ、都を遠く離れた地方の興行でもおしなべておもしろいと思わせることができるのだ。

このように工夫を凝らして至芸を会得した上手な役者は、大和猿楽の出し物であっても、近江猿楽の出し物であっても、あるいは田楽の能であっても、観客の好みや希望に応え、どんな舞台でも通用する演技ができるのだ。

そういう芸の工夫の本義とは何かを明らかにしようと、私は『風姿花伝』を記したのである。

他流の能も含めて臨機応変に演じることが花を極めることにつながると語ったけれども、自流の基本がいい加減であったとすれば、能は命をながらえることはできない。

このような者は、せいぜい弱々しい能役者にしかなれないだろう。

自分の流派において能の基本を極めてこそ、あらゆる流派の演技も理解することができる。広くすべての芸風に目を向けようとするあまり、肝心の自らの流派の基本がなおざりになっている役者は、自分の能について未熟であるだけでなく、他流の能についてもしっかりと習得することはかなわないはずだ。

こんなふうでは芸風に力強さが欠け、永久の花を持った役者になれるわけがない。長きに渡って咲き続ける花がないということは、結局、どんな種類の能も基本的なところでわかっていないのも同然だ。

だからこそ、本書「第三問答条々」の「花の段」に、「あらゆる能の演目を演じ、工夫の上にも工夫を重ねた先に、花を失うことなく演技する手立てを体得できる」と述べたわけである。

●その四

秘儀には、こんなふうに言われている。

そもそも芸能というものは、人の心を和ませ、身分の上下にかかわらず皆が一体となれる感動を生み出すものである。

そこが肝要で、だからこそ芸能は、人々に幸福をもたらし、寿命すら延ばす効果もあるのだ。

とりわけ能という芸能は、最高の芸位に到達して、後代に家名を残していくことが天下に認められている。これこそまさに、人々の幸福を増し、その寿命までも伸ばすということを示している。

しかし、こうしたことを実現させるためには、心得ておかなくてはいけないことがある。

鑑識眼をしっかりと持っている上流の人々から見れば、「たけ」や「位」を極めた役者なら、見る側も演じる側もこのうえなくぴったりなので、まったく問題はない。

一方で、鑑識眼が備わっていない観客もいる。たとえば京の都から遠く離れた地方や、身分の低い人々は、どうしてもこの「たけ」や「位」の高い演技を理解することがむずかしい。この場合、どのようにするのが得策だろうか。

その答えは実に明快である。能という芸能は、多くの人々に愛され、親しまれることによって、一座が成り立っているわけである。そして、それこそが能に携わる者としての幸福なのである。

だとするなら、あまりに高尚な芸風ばかりに固執していては、広くさまざまな観客を喜ばせることはおぼつかない。

能の初心を忘れることなく、時に応じ、場所に応じ、芸の良しあしがわからない観客にもすばらしいと感動してもらえる能を心がけること。これこそが、人を幸福に導くのである。


芸を極めた一流の能役者とはどんなものか。よくよく見てみると、それはこうだ。貴人の御前から、全国津々浦々の山寺、町や村、そして神社の祭礼まで、あらゆる場所で喝采を浴び、どんな時も悪評をこうむらない者だ。こういう役者こそ、人に幸福をもたらす芸達者と評価すべきだろう。

どんなに上手であっても、たくさんの人に愛され、親しまれているかと考えたとき、そこに欠点があるとしたら、人の幸せを増し、長寿をもたらす役者とは言いがたい。

亡き父、観阿弥は、このことを大切に思っていた。どんな遠方や山里であろうと、すべての観客の心を受け止め、その土地の人々に好まれる方法を考え抜いた上で芸を披露していたものだ。

このように述べると、初心者は、つい、「そのような芸域を極めることができるだろうか。いやいや到底及ぶわけがない」と敬遠したくなるかもしれないが、そんなことではいけない。

この本で語ってきた内容や工夫の数々を心の底からよく吟味し、そのやり方を少しずつでも取り入れてみてほしい。そして、試行錯誤しながら、じぶんの実力に見合った工夫を続けていくとよいだろう。

ここで語ってきた教えや工夫の仕方は、初心者というよりは、もっと格上の役者に向けたものである。

たまたま芸が達者だと評価された役者の中には、世間の評判に踊らされ、実力もないのに自分を過信してしまっている者がいる。

このように、世間の評判はやたらと高いのに、人を幸福にしようという心意気に欠ける役者がなんと多いことか。私はそのことが嘆かわしくてならないのである。

どんなに芸に熟達しようとも、それに工夫を重ねていかなくては、人に幸福を提供するような演技はできない。芸に熟達し、さらに工夫を極めたならば、それこそ花に種を添えるようなものだ。

たとえ天下の都で名声をほしいままにしたような役者でも、どうしようもない巡り合わせで、次第に落ち目になってしまうことが万に一つもなくはない。それでも、都で落ちぶれたとしても、田舎や地方で喝采を浴び、花を失うことがなければ、完全に役者生命が絶えてしまうことは決してないのである。

能の道が続いていさえすれば、いつかまた、天下の都で名声を復活されることも夢ではあるまい。

●その五

一、福をもたらし、寿命を延ばすための修行が大切だからと言って、ひたすら世間に迎合するような能ばかりを続け、あげく私利私欲に走ってしまうような振る舞いこそ、能の道がすたれてしまう第一の原因となる。

あくまでも能の道を極めるための修行を続けていく過程で、次第に世間から「あの役者は人々に幸運をもたらしてくれる」と評価されるようになるのだ。そうではなくて、評判を得ることばかり考えながら修行していたとしたら、能の道は一向にはかどりはしない。

能の腕を向上させることができなければ、人々に提供できる幸福も自然に消滅してしまうことだろう。まっすぐ、一点の曇りもない心こそ、この世にあらゆる幸福をもたらす妙なる花を咲かせるもとになるのだと心得て、芸の稽古に励むべきと言える。

●その六

この『風姿花伝』を「第一―年来稽古条々」の章から始め、各章を書き進めてこられたのは、まったくもって自分の才覚によるところではない。

幼い頃から亡き父、観阿弥の教えを受け、この世界で独り立ちしてから二十有余年。その間もずっと、私が目に触れ、耳にしたものをそのまま受け止め、その伝統を継承し、芸を学んできたのである。

本書をしたためたのは、その芸の伝統を守り、かつ、能の道のため、我が家門のためである。決して、私心によるものではないと、改めて申し上げたい。

第六

花修に云わく

●役者は、自ら能の作品を書いてみるべきだ。それは能の道を極めるうえで、何より大切な命となるだろう。
●作品づくりの段階から努力を重ねていけば、経験も豊富になる。そうなれば、あらゆるおもしろさをひとつに融合させられる達人になることができる。
●能の道というものは、観客に受け入れられて初めて成り立つ芸でもあるから、その時々の流行に乗っていかなくてはならない一面もある。
●幽玄に演じるための道理を理解し、それを極めれば、自然と強い演技もできるようになる。
●能の良しあしを決めるものは、それを演じる役者の力量次第。まずは、役者に相応の能とはどういうものかを理解しなくてはならない。

●その一

一、役者は、自ら能の作品を書いてみるべきだ。それは能の道を極めるうえで、何より大切な命となるだろう。

作品を書くにあたっては、特別な才能がなくてもかまわない。工夫を凝らしさえすれば、優れた作品にすることができるのだ。おおよその構成は、「序破急」の説明のところで記した通りだ。

それに従うなら、猿楽を興行する日、最初の演目としてはどんなものを書くのがふさわしいだろうか。

まずは、由緒ある古典から題材を持ってくるのが望ましい。そうすることで、観客も「ああ、あのお話か」と察しがつくからだ。

ここではむやみに手の込んだ演技を盛り込まなくてもよい。作品全体の流れが明快でありさえすれば、じゅうぶんだ。ただし、出だしから観客を引き込むような華やかさがあるのが望ましい。こうした原則を心がけて、出し物の第一番目に持ってくる作品を選べばよいだろう。

そして、二番目、三番目と番数が進んでいくにつれ、趣向の凝らし方も変わっていく。いよいよ山場にさしかかると、盛り込む言葉や演技もできる限り工夫し、細かい部分まで念入りに描くようにしたい。

たとえば名所や旧跡にちなんだ作品なら、その場所にゆかりのある詩歌で、観客も聞いた覚えがあるようなものを選ぶ。それを作品のここぞという場面で引用すると効果的だ。

ここでひとつ気をつけたいのは、中心となる役者の台詞にも所作にも関係のないような場面で、重要な言葉を配置しないことだ。なぜなら、観客は見るのも聞くのも上手な役者ばかりを追っているからだ。

だから主役となる役者自身が、面白い台詞を発したり、印象的な身ぶりを披露したりすると、皆の心に響き、見聞きする人の感動を呼び起こすのである。

これが能の作品を書く上で、もっとも肝心な手立てと言えるものだろう。

詩歌の言葉を引用する際は、ただ、ただ、優雅で、意味がすぐに理解できるような文言にすべきだ。

優雅な言葉に身ぶりを合わせると、不思議と自然に演技も幽玄な雰囲気になっていくだろう。固い言葉は、本来、能の身ぶりには合いにくいものだ。しかし、時には固い言葉がかえって味のある余韻をもたらす場合もある。

こういう時は、演目のもともとの出典に登場する主人公の役柄によって、それにふさわしい言葉を選ぶと相性が良くなる。

中国の人物の場合もあるだろうし、我が国の朝廷にゆかりの人物かもしれない。それぞれの来歴によってふさわしい言葉もまた変わってくるのである。

もっとも、卑俗な言葉を使ってしまうと、演技までもが下品な能になってしまうから注意したい。

このように、良い能というのは、もとの題材が由緒正しい古典作品であること。そのうえで新鮮な工夫を凝らし、途中に大きな盛り上がりがあって、しかも全体を通して作風が優美であるよう仕上げるべきだ。そういう作品こそ、第一なのである。

一方で、作品の趣向はまあ月並みだけれども、あまり込み入っていない筋になっているものがある。こういう、わかりやすくておもしろい作品は、第二番目に持ってくるべきだ。これが演目を構成するうえで、おおよその目安となるだろう。

ただし能というものは、上手な役者の手にかかり、演技のどこかひとつでも趣向を凝らすことができれば、もう、それだけでおもしろくなるものだ。

また、上演する演目を何番もこなし、興行も日を重ねていくうちに、趣を変える機会も巡ってこよう。たとえできのよくない能であったとしても、目先を変えて新鮮味が出る工夫を重ねていけば、面白く見せることもできるはずである。

つまり能というものは、演じるのにふさわしい時と、演じる曲順によって、良くも悪くもなるものである。だから、悪い能だからといって捨て去ってはいけない。それは役者の心ひとつにかかっていると言えるだろう。


ただし、心得ておかなくてはならないことがある。それは、良いとか、悪いとか論じる以前に、決して演じてはならない能があるということだ。

どんな能かというと、いくら写実的に演じたいからと言って、老いた尼、老女、あるいは老僧などの姿で、むやみに狂乱するような演技だ。これは決してやってはならないのである。

同様に、鬼神のような怒り狂う役柄なのに、幽玄に舞う演技をするというのもいけない。これらは正真正銘の偽物能であり、わけのわからない駄作というべきしろものだ。その理由は、本書の「第二 物学条々」の「物狂い」のところで述べた通りである。

また、能ではすべてのことが「それ相応」でなければ、成功はおぼつかない。つまり、すぐれた脚本の能を、上手な役者が演じ、しかもうまく演じることができて初めて「それ相応」と言うのである。

確かに、すばらしい演目を上手な役者が演じるのなら、うまくいくこと間違いなしと人は太鼓判を押すことだろう。けれども、これが往々にしてうまくいかない。

目利きの観客ならこれをはっきりと見抜いて、役者には何の落ち度もないことがわかるものだ。けれどもおおかたの観客は、作品の出来も悪かったし、役者もたいしたことがなかったと思ってしまうのである。

そもそも良い能を上手な役者が演じているのに、どうしてうまくいかないことがあるのだろうか。

それは、たまたまその時の陰陽の巡り合わせが悪かったのか。あるいは「花」を観客に見せる工夫が足りなかったのか、ということになりそうだ。

私としても、この点はもっと考えてみたいところではある。

●その二

能の作者として、心に留めておくべきことがある。

ほとんど所作を伴わない静かな題材で、謡のおもしろさで引きつける作品や、反対に謡よりも役者の舞いや所作で見せるような作品は、どちらも趣向が一本調子となるため、比較的書きやすいと言える。

これらに対し、謡に合わせて役者が演じる能もある。これが大変に難しいのだが、本当におもしろい能というのは、まさにこういうものである。

耳から入ってくるのは、聞き慣れたおもしろい言葉で、その旋律も美しいとしよう。次から次へと言葉が美しく組み合わさって続き、素晴らしい演技が盛り込まれているとしたら、どうだろう。ぜひとも、工夫を凝らして、このような作品を手がけてみたいものである。

こうした条件がすべて調和すれば、すべての観客に感動を呼び起こす能になるだろう。

このような作品を手がけられるようになるために、ぜひ知っておきたい細かなことがある。

動きのほうを基準にして謡を歌う役者は、実のところ初心者なのである。そうではなく、謡に合わせて、どう動くべきかを工夫するのが、経験豊かな役者だ。謡というのは耳で聞くもので、演技の所作は目で見るものだ。こうしたすべての要素は、意味に導かれてこそ、演技として成立していくのである。意味を表現するのは、やはり言葉なのである。

つまり謡は主体となるものであり、演技はそれに従う作用ということになる。したがって謡から所作が生まれるのは、至極、順当なのである。

これに対し、所作に合った謡をするというのは、逆のやり方となる。

あらゆる方面、あらゆる事柄において、順序正しく物事を行った上で、逆のやりかたを試してみるという手はありうる。けれども、逆のやりかたを習得したうえで、順序通りにやるというのは、けっしてあってはならないことだろう。

したがって能を演じる場合も、謡の言葉をよりどころとして、身体の動きを飾るよう心がけたい。これは謡と所作とを一体化させる稽古にもなる。

これを踏まえ、能を書く際にも励行できる工夫がある。謡から所作を生じさせるということを活かし、執筆する際にはどんな言葉を、どう演じれば風情を出せるかということを基本にするのである。つまり、演技のしかたを書くよう意識するのだ。すると、その言葉を唄う時に、演技する様子が自然と思い浮かぶようになる。

したがって、ここからは順序が逆になるのだけれども、書く際には、演技をまず念頭に置いて、なおかつ歌の節回しや曲の趣がおもしろくかけ合うよう工夫しなければならない。そして、実際に舞台で演じる時には、再び謡のほうをより意識して演技すればよいだろう。

このように、作品づくりの段階から努力を重ねていけば、経験も豊富になる。そして、謡からは風情のある演技が思い浮かび、舞もまた謡と一体化する境地へと至る。こうなれば、あらゆるおもしろさをひとつに融合させられる達人になることができるのだ。

こうした舞台を実現できるようになることは、能の作者としての誉れでもある。

●その三

能においては、たとえば強い芸と幽玄な芸、あるいは弱い芸と荒い芸といった区別をきちんとできなければならない。これらは、おおよそ目に見えることなので、たやすくできそうなものだ。

けれども、本当のところその区別がわかっていないため、弱いのに荒々しい演技をしてしまう役者も少なくない。

どんなものまねでも、それがきちんとものまねになっていなければ、弱々しくなったり、荒々しくなったりしがちである。これらの違いは、いい加減な工夫では、とても演じきれるものではないだろう。だから、心の底からよくよく、ものまねの対象になりきって、納得のいくまで稽古を重ねる必要がある。

まず、弱く演じるべきところを強く演じてしまったとする。これは正確に似せていないのだから、強いというより、荒いということになってしまう。

強く演じるべきところを強く演じれば、それは、正真正銘、強い能ということだ。けっして荒いということにはならない。

一方、もし強く演じるべきところなのに、幽玄な雰囲気を見せようとすると、ものまねにならない。これは幽玄というより、単に弱々しい演技になり果てる。

したがって、ただものまねということに重点を置いて、それに真からなりきろうとすることが大切だ。そして、何か別の要素を付け加えようとしないこと。そうすることに徹すれば、荒々しい演技にも、弱々しい演技にもなることはない。

また、強く演じたいという気持ちが出過ぎると、そうはならず、荒々しい演技になってしまうだろう。逆に、幽玄さをさらに優しく演じようとすると、ことさら弱々しい演技になってしまう。

なぜ、こんなふうに強い芸と幽玄な芸、あるいは弱い芸と荒い芸を混乱しがちなのか。よくよく考えてみると、それは、強さと幽玄さとが、まねようとするものの本質から離れ、抽象的な演技として存在すると思い込むことが原因だろう。

そうではなく、強さも幽玄さも、まねる対象となるものの本質に宿っているのだ。

たとえば、人の場合なら、女御や更衣といった女官、あるいは、遊女、美女、美男子、さらに草花で言うなら花のたぐいなどだ。こういったものはどれも、そのありさまが幽玄に感じられるものである。

一方、武士や蛮族、あるいは鬼、神のたぐい、また、草木では松や杉といった種類は、すべて強いものと定義できる。

これらをぜんぶ上手に似せることができれば、幽玄なものは幽玄に、強いものはおのずと強く演じることができるようになるだろう。

この二つの区別をまったく考慮しないで、ただ幽玄に真似ようと、そのことばかりに執着すると、本来の対象をまねるということがおろそかになってしまうだろう。そして、似ても似つかない、ものまねになってしまうのである。

つまり、ものまねになっていないことに気づかず、幽玄に振る舞おうとする気持ちが、弱々しい演技を生み出しているのである。

ということは、遊女や美男子などのものまねをよく似せようとすれば、自然と幽玄な演技になるのが道理だ。また、強い演技をする際も、忠実に対象に似せようと努力すれば、自然と強い演技になることだろう。

ただし、ここでも心得ておくべきことがある。どうにもならないことだが、能の道というものは、観客に受け入れられて初めて成り立つ芸でもある。だから、その時々の流行に乗っていかなくてはならない一面がある。

幽玄な芸を好む観客の前では、強い演技はやや控えめにする。この場合は、少しばかりものまねの趣旨から逸れたとしても、幽玄さのほうに重きを置くというさじ加減が必要だろう。

こうした工夫を当然のこととして、そのうえで能の作者なら心がけなければいけないことがある。

それは、なるべく猿楽の題材としては、主人公の性格が幽玄であること。とりわけ心情も言葉遣いも優美さのある人物を努めて描き出すことだ。そんな魅力的な人物を忠実にまねれば、演じる者も芸に幽玄さを持った役者であるという評判が立つことだろう。

幽玄に演じるための道理を理解し、それを極めれば、自然と強い演技もできるようになる。

どんなものまねも十分に似せることができるまで上達すれば、周りから見ていてもはらはらさせられることはない。危うげがないということこそ、本当の強さなのだ。

また、ちょっとした言葉の響きを効果的に使うことも大事だ。「靡《なび》き」「臥《ふ》す」「帰る」「寄る」といった言葉はもの柔らかな印象なので、それに伴う所作も自然と優雅で幽玄になることだろう。

「落ちる」「崩れる」「破れる」「転ぶ」といった言葉は、強く響く言葉なので、それに伴って身ぶりも力強くなる。

このように、「強さ」と「幽玄さ」とは、ものまねをする対象とは別にあるわけではない。ただ、ものまねを正確に演じた結果、演技に差異が出るだけにすぎない。また、逆に、「弱さ」「荒々しさ」は、ものまねの本質からはずれた、意図的な演技の結果として表れるものなのである。

こうした工夫を能の作者も積極的に取り入れるとよいだろう。とりわけ、役者が登場した直後の冒頭の句や、謡に出てくる一声や和歌などの場面は、幽玄な雰囲気や言葉を観客も期待する。

それなのに、せっかくの場面に荒々しい言葉を書き加えたり、ことさら悟りきったようなお経の文言を引用したり、こむずかしい漢語を入たりしている作品がある。こんなものは、まったく能作者の自己満足としか言いようがない。

そういう台詞は、言葉通りに所作を演じるほど、登場人物に似つかわしくないものになりがちだ。

ただし優れた役者なら、主人公と台詞とのちぐはぐな取り合わせをすぐに察知する。そして観客の意表を突くような工夫を施して、不釣り合いにならないよう演じてしまうことだろう。

これはもう、役者の大手柄ということになるわけだが、だからと言って作者の落ち度はぬぐい去りがたい。

あるいは、作者が承知のうえで主人公に似つかわしくない言葉を書き込み、役者のほうにその言葉を主人公にふさわしく工夫する力量がなかったとしたらどうなるか。間違いなく最悪な能となり、まったくお話にならないだろう。

ところで、能によってはそこまで細かく言葉の響きや意味にこだわらず、おおらかに演じた方がいいようなものもある。

そのような能を演じる場合は、ただもう素直に唄い、舞うことを心がけ、演技についてもあまり思い入れをせず、自然に演じるのがよい。

むしろ、こうした能をあれこれと言葉にこだわって細かく演じるのは、下手な役者のやることだ。これもまた、能の評価を下げてしまう原因であると心得ておきたい。

つまり、名台詞やそれに伴う美的な所作が求められるのは、然るべき場面に限るわけだ。面白い台詞や、山場がぜひとも必要だというような能でこそ活きてくる要素なのである。

そうではなくて、大らかな躍動感を楽しむような能であったとするなら、素直に演じればよい。たとえ幽玄な雰囲気を漂わす主人公が、堅苦しい言葉だらけの謡いを唄ったとしても、謡の旋律さえしっかりしていれば、それはそれで悪くはない。

これこそが本当の能のあり方だと、心得ておきたい。

ただ、何度も言うが、これは、あくまでこれまで述べてきた稽古の基本を積み、工夫を極め、そのうえでおおざっぱに演じるような機転を利かせるから活きてくるのだ。そうでなければ、今までの能の教えも無意味になってしまうのである。

●その四

能の良しあしを決めるものは、それを演じる役者の力量次第だ。だからまずは、役者に相応の能とはどういうものかを理解しなくてはならない。

たとえば、台詞や演技のおもしろさはいまひとつだけれども、大らかな印象があり、作品のよりどころとなるものが正統で、非常に格式が高い能があるとしよう。

往々にしてこういう作品は、これと言った見所がないものがけっこうある。なかなか上手な役者といえども、おもしろく演じるのはむずかしいたぐいの作品だ。

たとえ、その格式に見合う最高の名人が演じたとしても、目の利く観客がいて、しかも晴れの舞台というお膳立てが整わないことには、この手の能はなかなか成功を収めきれないだろう。

このように作品性、役者の格、鑑識眼のある観客、さらにはいつ、どこで演じるかといったさまざまな要素がかみ合わないことには、滅多に成功しないのである。

一方、これとは対照的に小品の能で、たいした古典に基づくものではないのだけれども、なかなか繊細な作品もある。こういう能は、初心の役者にぴったりだ。むろん演じる場所なども、地方の神社の神事だったり、こぢんまりした夜の催しの折などがいいだろう。

ところが、気をつけなければならないことがある。ひとかどの鑑識眼を持った観客も、また能の演じ手も、さきほどの諸条件がぴったり揃ったから成功したという大前提を見誤ってしまうことがあるのだ。

つまり、地方の舞台やささやかな催しでおもしろく演じることができた能を、それがどこでも通用すると思い込む。そして大胆にも有名どころの大きな舞台や貴人の前で、役者を大々的に押し出した興行を行ったりする。その結果、思いのほか評判が悪く、役者にも恥をかかせ、自身の面目も丸つぶれになってしまうのである。

こうした事例が示しているのは、どんな演目であろうとも、また、どこで、どんな折に演じようとも、つねに素晴らしい演技ができる役者でなくてはならないのだ。そうでないと、最高の花を極めた名人とは言えないのである。どんな座敷であろうと、また、どんな時であろうとものともせず、つねに上手に演じられる役者なら、ここで挙げたような成功の条件など、そもそも関係ないのである。

さて、役者によっては、演技はすばらしいけれど、能そのものをあまり理解していない者もいる。逆に、芸技はまだまだなのに、その段階に見合わないほどよく能というものを分かっている役者もいる。

貴人を前にした舞台や、ここぞという大一番で、技術は申し分ないのにやるべき出し物を間違えて、大失敗をしてしまうのは、自分の能がどういうものか分かっていないことが原因だ。

これとは逆に、それほど技量があるわけでもなく、演じられる演目もたいして持っていない者、早い話が未熟な役者がいるとしよう。ところが、この未熟者が、大きな舞台でも臆することなく花のある演技をし、そればかりか、演ずるたびに観客の喝采を浴びていくといったことがある。

なぜこんなことができるのかというと、この役者は能の腕前以上に、能の何たるかをよく知っているからなのである。

さて、技量はあるが見識がない役者と、技量未熟だが見識のある役者と、果たしてどちらが本当に優れているのか。むろん、その評価はさまざまだろう。

ただ、貴人の集まる場所や大舞台で、実力以上に優れた能を演じられるとすれば、名声も長く続く条件を備えている者だと言える。

そうである以上は、上手であるけれど技術の割に能の見識がない役者よりは、技術の点では劣るけれども、能をよく知っている役者のほうが、一座を旗揚げし、盛り立てていくべき棟梁として適任だと言えるだろう。

能についてよくわかっている役者なら、自分の足りないところも心得ている。だから大事な舞台で能を演じる際に、不得意な演目は控えて、得意な作品を選んで演じることができる。

その結果は当然、出来がよいということになるので、観客から確実に称賛を得ることになるわけである。

では、不得意な演目はどう対処すればよいだろう。これらはささやかな規模の催しや、地方の公演の際に試してみるとよい。これも稽古と割り切って続けていくことで、苦手な演技も次第にうまくなり、熟達していくことだろう。

そうこうするうちに、最後は演じる芸の領域もぐっと広がり、演技は洗練されていく。そしていつしか名声は本物となり、一座も繁盛するというわけなのである。

そうなればきっと、老後まで花をずっと残していけることだろう。これが可能となるのも、未熟なうちから能の何たるかを知っていたからこそである。

とは言うものの、技量の持ち主がいいか、見識の持ち主がいいか、どちらの役者になるかは、人それぞれ。どう判断するかによるだろう。

「花修」は以上である。

この「花修」に記した事柄は、芸の道を真剣に志した者以外には、たとえ一目でも見せてはならない。

世阿（花押）

第七

別紙口伝

●散らずにずっと咲き続ける花など、いったいこの世にあるだろうか。散るからこそ、咲いた時に新鮮さを感じるのだ。

●ものまねには、似せるという意識を越えた芸の境地がある。ものまねの奥義を極めて、その役柄に真からなりきることだ。

●すべての演目を習得した役者は、応用や工夫をしただけでも、百通りもの演じ方ができるようになるだろう。

●大きな原則から始まって、細部に至るまで、自然と配慮が行き届くようにしておけば、一生涯に渡って花が失せるということはなくなる。

●その時、その時に咲いた芸の花だけで、種を何も残していないというのは、折り取った枝に花が残っているのと同じで、もうそれっきり後がない。けれども種さえあれば、どれだけ年月が経とうとも、また同じ花に巡り会える機会が残されている。

●花があるということを人に隠せば、それが花になる。秘密にしないことには、花になりえない。

●観客が思ってもいない感動をもたらす手立てこそ、本当は花と呼べるものなのだ。
●秘事は内容を明かさなければそれでいいというものではない。その秘事を自分が知っているということすら、悟られてはならない。
●あらゆる物事は、因と果によって成り立っている。稽古という「因」をおろそかにすれば、「果」を成し遂げることもむずかしい。
●能の道を極めきって見てみれば、花というものに何か特別な芸技があるわけではない。

●その一

この口伝では、まず、能における花とは何なのかについてさらに説明を加えてみたい。

そのためには、まず、どうしてこの私が花の咲くのを見て、能の役者の演技がもたらす感動もまた花なのだと思うようになったのか、そのわけを知る必要があるだろう。

そもそも花というものは、どんな草木だろうと四季の折々で咲くものである。そのときどきに新鮮な感動を呼び覚ますから、私たちは花を愛するのだろう。

猿楽の場合も、観客が心の中で新鮮な魅力を感じ、それがとりもなおさずおもしろいということに繋がるのである。花を愛でる気持ちと、おもしろいと思う心と、新鮮な感動とは、どれも同じ心から発するものなのだろう。

散らずにずっと咲き続ける花など、いったいこの世にあるだろうか。散るからこそ、咲いた時に新鮮さを感じるのだ。

能もまた、決して一つのところに安住すべきではないし、その姿勢が花と同じ感動を呼ぶのである。一カ所にとどまることなく、別の演目に切り替えていくから、新鮮さが出るのである。

ただし、能には様式というものがある。いくら新鮮だからといって、突拍子もない常識外れな演じ方を考案せよというのではない。

この本で説明した数々のものまねをすべて稽古し終え、いよいよ猿楽を演じる段になったら、やはり、習得した数々の演目の中から観客の好みそうなものを選んでみればよいのだ。

花と言っても、四季折々に咲く花以外に、これは新鮮だと思える花があるだろうか。そのようなものは、あるはずがないのである。

能もそれと同じで、習得したものまねにさらなる磨きをかけ、その折々の流行をよく心得た上で、当日の観客の好みそうな演目を披露すればよい。そうすることで、ちょうどその季節にぴったりの花が咲くのを見るのと同じように、新鮮な感動を呼び起こすことができるのである。

花というものは、去年咲いた花の種が今年花を咲かせたものだ。能も、たとえそれが以前、見たことがある演目であっても、たくさん演目を習得していれば、ぜんぶを演じきるまでだいぶ間が空くことだろう。再び同じ演目を見たとしても、ずいぶん経っているだろうから、また、真新しく映るものである。

そのうえ、人の好みもいろいろだ。謡、所作、ものまねといった能の要素は、舞台ごとに変化する多様さを秘めている。だから、どんな演目も極め尽くすべきで、やり残しがあってはならない。

ものまねをたくさん極めていれば、初春の梅に始まって、秋の菊の花の最後になるまで、一年中の花の種をもっているようなものである。そうなれば、観客の求めや場の雰囲気に応じて、自在に花を取り出すことができるだろう。

いっぽう、演目をすべて習得しきっていなかったら、場合によってはその花を失うことになってしまう。

たとえば、春の花の頃が過ぎ、観客が夏の草花をもてはやそうとしている時期になったとしよう。それにもかかわらず得意と言えば春っぽい花しかないという役者は、困り果てることだろう。

夏向きの能が求められる場面で、見せられるものが何ひとつなければ当然だ。窮余《きゅうよ》の策として、とっくに盛りの過ぎた春向きの能をまたぞろ演じる羽目になる。これでどうして、その時の観客の喝采を浴びることなどできるだろうか。

このたとえ話でわかると思うが、花というのは、観客にとって新鮮に感じられるものだけが花なのである。

この本の「第三」で、「できうる限りの能を演じ尽くし、工夫を極めることが大事だ。その努力の先に、花を失うことなく演技していく境地を理解することができるのである」と語ったことを思い返してほしい。花といっても、とりたてて特別な習得法があるわけではないのである。

あらゆるものまねを演じて工夫をし尽くし、新鮮な印象とはどんなものなのかを体得するのが、能の花なのである。

「花は心、種は技」と語ったのも、このことを伝えたかったのである。

この本の「第二」、ものまねの章の「鬼」の説明で、こう語った。

「鬼だけをうまくこなせるような役者は、能における花、つまり芸の魅力のなんたるかを知らない役者であろう」

ほかのものまねもすっかり演じ尽くした後に鬼を演じたならば、その新鮮さが花のような魅力となって、おもしろいものとなるだろう。

しかし、ほかの演目は何もやらずに、「あの役者は鬼の役ばっかりで、それしか得意芸がないのだな」と観客が思ったとしたら、どうだろうか。どんなにすばらしい鬼のものまねを演じたとしても、華のある演技とは感じてもらえないだろう。

「鬼のものまねのおもしろさとは、岩の上に花が咲くような趣だ」と私が言ったのも、鬼なのだから強く、恐ろしく、腰を抜かすくらいに演じるのでなければ鬼らしさは出せない。これがつまり「岩」ということなのだ。

花というのは、他の演技をすべて極め、このうえなく幽玄な芸風という評判を取った役者が、意表を突いて鬼を演じたような場合に、咲くものである。それはとても新鮮で、まさに「花」を感じさせる演技になることだろう。

そういう意味で、鬼ばかり演じている役者は岩ばかりを見せるだけで、花を見せることはできないのである。

●その二

演技の細かな要素について、次のような教えがある。

謡や舞い、所作や身ぶり、そして演技の風情などもまた、新鮮さがあるかどうかだ。前項で述べたのと同じように、それが花を感じることにつながるからである。

能というものは、いつもの演技で、いつもの謡を繰り返していれば、見る側も「まあ、こんなものだろう」と、慣れっこになってしまうものだ。

だが、そうした評価に安穏とすることなく、たとえ同じ演技であっても、たとえば、いつもより軽快な印象を与えるよう演技を工夫してみる。あるいは、よく唄う謡であっても、いつもと違う趣向を凝らしたり、声の調子を変えてみたりする。このように、新鮮さを生み出すような努力を続けるべきだろう。

自分の心の中でも、「今ほど一生懸命になれたことは、かつてなかった」と思えるくらいに、細心の注意を払ってこれらの演技を行ってみる。そうすれば観客も、「これはいつもよりずっと面白いぞ」といった評価を得られることもあろう。これこそ観客が、演技に新鮮味を感じたという証だ。

同じ謡や演技をする時も、上手な役者がこうしたことを行えば、格別おもしろくなるのは間違いない。

その点、下手な役者というのは、初めに習って覚えた通りにしか唄えない。だから、観客にとっても新鮮な感動がない。

一方、上手な役者の場合は、同じ旋律の謡でも、どう唄えばおもしろいかという曲のありようを心得ている。曲というのは、歌詞の上に咲いた花と言えるだろう。

同じくらい上手で、同じような花を見せる芸技を持った役者でも、より優れた工夫ができる役者は、花の見せ方も数段勝っているのである。

したがって、いくら歌詞がきちんと決まっていて変更の余地がなくても、曲のほうは工夫次第で新鮮味を出すことができる。そうすることで、もっと上手な能を観客に楽しんでもらえるのである。

同様に舞の場合にも、手の動かし方には習った通りの型がある。けれどもそれ以外は、風情を出すうえでいろいろと工夫のしがいがある。上手な役者なら、その工夫の余地を見事に活かしきることだろう。

●その三

ものまねには、似せるという意識を越えた芸の境地というものがある。ものまねの奥義を極めて、その役柄に真からなりきることだ。そうすれば、もはや似せようと、ことさら意識することから解き放たれるだろう。そうなれば、作中の人物としておもしろさを出すことだけに意識を集中できるのだ。これでどうしておもしろい花を咲かせられないというのだろう。

たとえば、老人のものまねをするとしよう。この芸域に達した名人だとするなら、気持ちの上ではごく普通の老人が祭礼のための衣装を着て、そのまま踊っているのと変わらない。

本人が老人になりきっているわけだから、似せようとは心にも思わないわけである。その舞台で自分が扮する役柄として、どのように演じたら観客がおもしろいと思ってくれるかに集中すればよいのである。

さて、老人を演じる際、花も十二分にありながら、そのうえで年寄りらしく見せる秘訣とは何だろうか。それはまず、決して年寄りじみた所作をしようとしないことだ。

そもそも舞や能は、すべてにわたって音楽の拍子に合わせて足を踏み、手を差し引くといった所作で構成されている。

歳を取ってくると、その拍子の合わせ方が遅れがちになるものだ。太鼓や謡、鼓の出だしの音から少しだけ遅れて足を踏み、手を差し引きする。あらゆる身ぶりや所作が、拍子にやや遅れてついていくわけである。この演じ方をよく理解することが、何と言っても年寄りのものまねをする際の基本となる。

この工夫を心の中だけで行い、それ以外はいかにも世間の老人と同じように振る舞おうと心がけるなら、いかにも花のある演技となることだろう。

ところで、この、いかにも世間の老人とは、いったいどんなものなのだろう。

たいていの人間は歳を取ると、何事も若い人のようにやりたがる傾向がある。

ただし、もう若い時ほどの体力はない。身体は重いし、耳も遠くなっているので、気持ちははやるけれど動作が伴っていかないのである。

このような世間の道理を知ることこそ、本当のものまねである。したがって、演じる際には、年寄りがいかにも望むように、若やいだ様子を出そうとすればよいのである。

言い換えるなら、老人をまねるということは、老人が若さをうらやましがるという心理や動作を学ぶということである。実際には、老人がどんなに若やいだ振る舞いをしようとしても体力が追いつかず、音楽の拍子に遅れてしまうというのが道理なのである。

これをうまく演じられれば、「年寄りが若く振る舞おうとしている」という新鮮さが感じられるようになる。まさに、老木に花を咲かせる能となることだろう。

●その四

能の世界で、あらゆる演目を身につける「十体」が、いかに大切かについて語ろう。

この十体を習得し、すべての演目を演じることができるようになった役者は、仮にその全部を一回りずつ何度も演じたとしても、いつまでも新鮮さを感じても

十体
能楽でのあらゆる風体。世阿弥の能楽論で、芸・芸風・演技・風姿・情趣など幅広い意に使われる語。歌道用語を転用したもの。

らえることだろう。全曲を一回り演じきる期間だけでも、とても長くなるからだ。

また、すべての演目を習得した役者は、応用や工夫をしただけでも、百通りもの演じ方ができるようになるだろう。

そこでまずは三年、あるいは五年に一度くらいの周期で、自分の演技に新鮮さを加えるような工夫を凝らしてみるとよい。これができれば、能の役者として、大きな安定感を得ることにつながるのである。

それに加えて、一年という期間を区切って、四季折々に応じた演出を心がけてみたい。また、何日間か続けて興行する際には、一日の演目の中でも工夫は欠かせない。そうすればたくさんの種類の演目を、さらに多彩な趣向で演じることができるようになるだろう。

このように大きな原則から始まって、細部に至るまで、自然と配慮が行き届くようにしておけば、一生涯に渡って花が失せるということはなくなるのである。

さらに付け加えるなら、すべての演目を習得する以上に大切なことがある。それは、毎年、毎年、咲いては散る花を忘れてはならないということだ。

この、毎年、毎年咲く花とはどういうことだろうか。先ほど述べた十体とは、ものまねの演目の数々を指す。これに対して、毎年咲く花とは、たとえば幼い頃の芸事、役者として舞台に上がり始めた頃の演技、脂が乗り切った三十代前後の頃に見せた技量、歳を取ったあとの演目など、年代ごとに自然に備わっていた芸があるはずだ。そのすべてを、今、この時の演目として一度に持とうということなのである。

そうすればある時は、少年や若者のように見える演技ができる。ある時は、充実期を迎えた中堅のように見せることもできるだろう。また、ある時は年功を積んで熟練の極致に達した大御所のようにも見せられるだろう。本当にこれらがまったく同じ人物が演じているのだろうかと思わせる能ができるようになるのだ。

これこそが、幼い頃から老年に至るまでの芸を一度に持つということなのである。まさしく、毎年、毎年咲いては散るということに他ならない。

しかしながら、このような芸域に達した役者を、私はいまだかつて見たことも聞いたこともない。

唯一、亡き父観阿弥が若い盛りの頃、気品ある老人の演技をとりわけ得意としていたというのを聞いたことがあるくらいである。

その父が四十歳を過ぎた頃からは、今度は逆に若い役も自在に演じていた。これは物心が付いた私も見慣れたことだったので、確かに疑いようのない事実である。

たとえば自然居士《じねんこじ》のものまねをする際、高座の上で説法をする場面があり、父の振る舞いを見た当時の観客は「まるで十六、七歳の若者に見える」と評したものである。

これは観客も確かにそう噂していたし、何よりこの私自身も目の当たりにしたことなのである。父はまさしく、毎年、毎年咲いては散る花にふさわしい達人なのだと思った次第だ。

繰り返すが、私は他にそのような役者は見たことがない。若い頃は老人、つまり遠い将来に咲いては散る演技を見事にこなし、歳をとったら過ぎ去った若い日々の演技をそのまま演目として保っているような役者は、後にも先にも父しか思い浮かばないのである。

このようにして見てみると、やはり初心者の頃から稽古してきた演目はどれ

自然居士
能の曲目。四番目物、遊狂物、五流現行。親の供養のため身を売った少女を救おうと、説経者自然居士は命をかけて人買いと渡り合い、彼らのなぶるままに芸尽しを展開して、救出に成功する。

も、いくつになろうとも決して忘れないようにしたい。そして、その時々の必要に応じて、いつでも出し物にできるようしておかなければならない。

若い時分には老人の役を、また、老後には盛りの年代の役をこなすことができる。これこそ観客にとっては花であり、新鮮に感じられるものだろう。

そうだとすれば、芸の格が上がったからといって、今まで演じてきた演目を捨て、忘れ去ってしまうのは、まるで花の種を失っているようなものだろう。その時、その時に咲いた芸の花だけで、種を何も残していないというのは、折り取った枝に花が残っているのと同じで、もうそれっきり後がない。けれども種さえあれば、どれだけ年月が経とうとも、また同じ花に巡り会える機会が残されているのである。

念を押すけれども、大切なのは初心を決して忘れてはならないということだ。だから私は常日頃指導していく際に、若い役者を「早くも達人の域に達したなあ」「もう、年季が入った演技ができているではないか」と褒めるようにしている。

また、歳を取った役者には、「なんとも若々しい演技だ」と、努めて評している。このように意外性を肯定し、奨励することこそ、芸のめずらしさを生む道理と言えはしないだろうか。

すべての演目である十体に工夫を加えていけば、百の多様性を生むことだろう。そのうえに、咲いては散る花、つまりその年代ごとに喝采を浴びた演目を加えていけば、いったいどれほどの花を咲かせることができるだろう。

●その五

能において、万事につけて心がけるべきことがいくつかある。

たとえば鬼神など怒る姿を演じる際には、柔らかな心を忘れてはいけない。これは、どんなに怒っていても、荒々しい演技にならない手立てとなる。怒っている時に柔らかな心を保っていることが、新鮮な演技をするうえでの工夫となるのだ。

また、幽玄な雰囲気の演技をする際には、強い気持ちを忘れないことだ。

こうしたことの一切は、舞い、所作、ものまねなど、あらゆる演技が型にはまってしまうことなく、新鮮さを保つための秘訣なのである。

また、身体を激しく動かす際も、細かな心配りが求められる。つまり、身体を強く動かす時は、優しく足踏みをするようにする。また、足を強く踏む時は、身体は静かに保つのがよい。

どれも文字で説明するのは、微妙すぎる問題ばかりである。本来は直接対面して、口頭で伝えるべきことだろう。

なお、この点については、『花習』という書物で詳しく説明している。

●その六

秘して隠すことによって花になる。そんな道理について語ろう。

これは、花があるということを人に隠せば、それが花になる。秘密にしないことには、花になりえないということである。

隠すか、隠さないか。そこで花があるかないかに分かれるという道理を知ること。それが、能における花を理解するうえで大事な事柄なのである。

そもそもあらゆる芸事は、どの分野であろうと、秘伝と言われるものがある。これはそれぞれの道における家門で、秘密にしているからこそ、大きな効用がある。


『花習』

『風姿花伝』に続いて、世阿弥が40余歳の頃からおよそ20年間にわたる芸得の神髄を書き連ねたもの。題目六カ条、事書八カ条からなる『花鏡』の前身。

この秘伝は、明かしてしまうと、別にどうというほどのものではなかったりする場合が多い。ただ、それを「なんだ、たいしたことないじゃないか」などと、とやかく言う者は、秘事ということの大きな効果をまったくわかっていない。

もっとも、この花の口伝をあらかじめ皆が読んで、「なるほど、新鮮であることが花を演出する元になるものか」と知っていたとしたらどうだろうか。観客は「さては、どこかで真新しいものを見せるにちがいない」というふうに期待して能を見ることになる。

これではたとえ新鮮な趣向を凝らした演技を見せたとしても、観客の心に感動を呼び起こすことはできない。

そうではなく、ただもう、「ほう、思いのほかおもしろい演技をする。上手な役者ではないか」と、自然に感動する。見る者にことさら意識させないのが、役者にとっての花と言えるだろう。

つまり、観客が思ってもいない感動をもたらす手立てこそ、本当は花と呼べるものなのだ。

たとえば合戦における場面でも、名将が一計を案じ、意表を突く戦略で強敵を打ち負かすことがある。

これは負けた側からすれば、意外性に翻弄されて敗れた、ということになりはしないだろうか。

これこそがあらゆる分野の芸能において、勝負に勝つための道理なのである。どんなに凄そうな手立てでも、勝負が終わった後で「そうか、ああいう策略だったのか」と知れば、二度とその手は食わないだろう。けれども、それを知らないうちは、まったく想像もつかない。だから負けてしまうのである。

このようなわけで、わが家門でもこの秘伝として一つだけ、伝え残しているものがある。

その前に、大事なことがある。

それは、秘事は内容を明かさなければそれでいいというものではない。その秘事を自分が知っているということすら、悟られてはならないということである。

人にそのことを知られてしまうと、敵は油断することなく警戒し、かえって敵に用心させる結果になる。

敵に心構えができていなかったら、こちらが勝つのは簡単だ。実は、相手に油断させておいて勝つというやり方は、新鮮な感動を相手に与えたい時にも効果的な手段なのである。

このようなわけで、わが観世家の秘伝として、秘事が存在することそのものを絶対に知らせないこと。そしてこの秘事が、生涯に渡って能の花の主になるための手立てなのである。

秘密にするからこそ花なのであり、秘密にしなかったならば花にはならないのである。

●その七

一.花が生まれる原因と結果、つまり「因果」について知っておこう。これは、能の道における極めつけの秘伝といえるだろう。

あらゆる物事は、因と果によって成り立っている。たとえばまだ修行の道なかばの初心者の時代に舞ってきた能は「因」。能の道を極め、名声を獲得することは「果」ということだ。

当然ながら、稽古をするという「因」をおろそかにすれば、「果」を成し遂げることもむずかしい。このことをよくよく理解しておかなくてはならない。

また、その時々の運についても、恐れ慎まなくてはならない。前の年、大いに人気を博したならば、今年なかなか芸の花が咲かず、低迷するかもしれない。ほんのわずかの時間の中でも、「男時《おどき》」と「女時《めどき》」というものがある。運気が上昇する「男時」と、それが下降する「女時」のことだ。

能の場合もそうで、どんなに工夫を凝らそうと、そんなことにはかかわりなく、良い流れの時もあれば、悪い時もある、これは人の力ではどうにもならない。まさに、因果としか言いようがないものだろう。

このことをよくよく心得て、興行に臨むとよい。たとえば、さほど重要ではないような演目では、たとえ他座との立ち会い勝負であっても、勝ちにこだわる気持ちを少しばかり抑えるのがよい。あまり演出に苦慮したりせず、勝負で負けても気にしないことだ。手を緩めて、控えめに、控えめに、と演じていると、そのうち観客も「これは一体どうしたことだろう」と、期待が薄れ、失望しかける。

そして演目が進み、いよいよここ一番が大勝負という大事な場面となる。そこで今度は手立てをがらりと変えて、得意の能をぶつけてみるのだ。むろんここでは、工夫の限りを尽くし演じて見せる。

すると見ている人々は、それまでとは打って変わって意外な展開にびっくり

男時　好運に恵まれているとき、運のついているとき。

女時　すべてがうまくいかない時期、運の悪いとき、衰運のとき。

し、そのぶん感動もひとしおだ。そうして、肝心の大切な立ち会い勝負に必ず勝つという結果になるわけである。

これも見る人の意表を突く、新鮮さの効用と言えるだろう。そして、それまでよくなかった「因」を、結果としてはよかったというふうにひっくり返すことができるのだ。

だいたい、三日間で三度の猿楽の興行があるような場合もある。こんな時、初日は手を緩めて、ほどほどに演技を行う。そして三日間の中で、ここ一番と思える大切な日には、優れた作品で、自分の得意な演目といえるものを選び、精一杯演じるのがよいだろう。

一日のうちでも、立ち会いなどが、たまたま女時にあたってしまうことがある。こんな時は、最初は力を温存し、対戦相手のもとを訪れている男時が女時に移るのを我慢して待つこと。そして移った瞬間を見極め、見せ場のある作品をたたみかけるように演じるとよい。

そういう時は、こちら側にまた男時が戻る頃合いでもある。だからここで満足のいく能ができたなら、次はその日とっておきの演目を披露するようにしたい。

この男時、女時というのは、どんな勝負にもつきものだ。かならず一方が勢いに乗り、運が向いてくる時間があるもので、これが男時と心得ておきたい。対戦の数が多くなると、この男時は、両者の間を行ったり来たりする。

ある書物にはこんなふうに記されている。

「勝負の神様といって、勝利の神と敗北の神がおられる。どちらも勝負の席に座を占めて、勝敗の行く末をお互いに見守っておられる」

これは兵法の道では第一に挙げられる秘事とされ、とても重要なことなのである。

相手方の能の出来がよかったなら、勝利の神は今あちらにおいでだと心得て、まずは慎む気持ちを持つことだ。

しかし、勝利の神と敗北の神は因果を司る二神でいらっしゃるから、ほんのわずかの隙に対戦相手と自分とのどちらかへ移り変わられる。

そのうち、また勝利の神が自分のほうへ移られる時間が訪れたら、その時こそとっておきの自信作を演じるのである。

これがすなわち、能の舞いにおける因果というものになる。くれぐれも軽々しく考えてはならない。信じるものは必ず報われると言うではないか。

●その八

そもそも因果というものは、良い時もあれば悪い時もあるということだ。これを突き詰めるなら、新鮮さを感じさせることができたか、そうでないかという、そのどちらかなのである。

いくら上手な役者の舞台でも、同じ能をきのうも、きょうも見たとしたらどうだろうか。きのうはおもしろく感じたのに、きょうはなぜかおもしろくない。これは、きのう感動した気持ちに慣れてしまい、きょうは新鮮さが薄れてしまう。だから、出来の良くない能に見えてしまうのである。

ところが、さらにそのあとで、また、良いと感じることがある。前に悪いと思った気持ちが、また新鮮さを感じる気持ちに戻って、それでおもしろくなるのである。

そのように考えると、能の道を極めきって見てみれば、花というものに何か特別な芸技があるわけではないと言うことがわかってくる。

あらゆる能を演じこなし、演出に工夫を凝らし尽くし、どんな場面であろうとも新鮮な感動をもたらすこと。そのためにどんな道理が必要かを悟ることができて初めて、花を見せることができるのである。

仏典に「善と悪は別のものではなく、正と邪は表裏一体のものだ」とある。そもそも、良い、悪いとは、何でもって定めているのだろうか。ただ、その時々の都合で、役に立つものを良いものとし、役に立たないものを悪いものとしているだけなのである。

これまで語ってきたさまざまな作品や工夫も、世間のいろいろな観客や上演場所に適宜応じるためのものだ。その時々に好まれる能を演じることこそ、観客の期待に応える花というものだろう。

こちらでこんな能をもてはやしたかと思えば、あちらではまた別の演目をよろこぶ。これこそが、人がそれぞれ心の中に咲かせる花なのである。どれが本当の花で、どれが違うと言えるだろうか。

ただ、その時に求められるものこそが花なのだと知っておこう。

●その九

この別紙口伝にしるした事柄は、われらの芸能において、一家の大切な教訓であり、私の生涯を通じてたった一人だけに相伝するものである。たとえたった一人しかいない子どもだったとしても、その器でない者には伝えはしない。

「家の道が続いていくのは、血筋だけのつながりによるものではない。その道を伝えてこそ家と言えるのである。だから、その家に生まれただけでは、道を継ぐ人とは言えない。道を知ってこそ、後継者となる」というのが我が能の家における考え方である。

この別紙口伝こそは、あらゆる福徳を習得し、このうえない芸の意味を極めるための教えとなるだろう。

一、この別紙口伝のすべての内容は、かつて弟四郎が相伝したものであるけれども、元次もまた能のすぐれた達人であるので、ふたたびこれを伝えることにした。くれぐれも重要な秘伝であることをここに記す。

応永二十五年六月一日

世阿弥（花押）

四郎
観世四郎大夫、音阿弥元重の父であり、世阿弥の弟とされる。

元次
名前から推察して、世阿弥の肉親の一人と見られているが、詳しいことはわかっていない。通説では、世阿弥の長男元雅の初名と考えられている。

※第3部で用いている言葉は、読みやすさ、理解しやすさを考慮して、第2部現代語訳から一部改編して記載しているものもある。

第3部

『風姿花伝』に学ぶ、
創造とイノベーションとは

世阿弥はたくさんの名言を残した。ここでは、『風姿花伝』に記されている代表的な言葉を採り上げてみたい。

並べてみると、面白いことに気が付く。多くの人が知らずに使っているものがけっこうあること。また、同じ言葉でも、人によってその取り方が違うものもあるということだ。

この本を手にされたあなたも、ぜひ、自由に受け止めていただきたい。

おもしろく、めずらしく読み取ることこそ世阿弥の本意。あなたが生きていくうえでの花になると信じて。

1. やがて花咲く日のために

「稽古は強かれ　諍識はなかれ」

序

——稽古は一心に打ち込むこと。驕り高ぶって自己流に固執してはいけない。

稽古をいっしょうけんめいやりなさい。のっけからそう言われてしまえば、誰も反論できない。そこで本を閉じてしまいたくなるのが心情。だが、まだ、続きがある。諍識《じょうしき》というのは禅の言葉にもあるようで、「かたくなに凝り固まった心」という意味だそうだ。

すると、ぱっと視界が開けてこないだろうか。稽古は一心に打ち込まなければならないが、これでよいと思ってはならない。あるいは定型などない。慢心することなくつねに研究し、前へ進んでいくこと。おもしろいと思うことを、どんどん追求していくことが、芸の精進なのだ。

突拍子もないことを言っているのではないけれど、新鮮なメッセージだ。世阿弥がこの『風姿花伝』で伝えたかった「花」とは、こういうことなのだろう。序文からいきなり引き込まれる一言だ。

「うちまかせて心のままにせさすべし」

第一年来稽古条々

――その子の好きなようにやらせてみることだ。――

能の稽古は数えの七歳、今なら小学校入学ぐらいから始まっていたようだ。いつの時代も似たようなもので、子どもは興味が赴くままに、飛んだり跳ねたりしたくなるものだ。

能という高度で緻密な芸事では、それこそきびしい英才教育によって役者を育てていくものと思いがちだ。けれども、世阿弥のこの言葉からは、なんともおおらかな稽古シーンが頭に浮かんでくる。子どもたちの背後には、慈愛にみちたまなざしさえ感じさせはしないだろうか。

習い初めのころは、良いの、悪いの、と口うるさく言わず、やりたいようにさせるのがいい。あんまり強く注意したりすると、子どもはやる気を失ってしまう。まずは能になじませることを目標にして、心とからだを解き放ち、能を好きになってもらうこと。これは、能に限らず、あらゆる学習に通じることではないだろうか。

そしてこの喜びの体験が、やがて時分の花、誠の花、老木の花を咲かせる土壌となるのだろう。

「時分の花をまことの花と知る心が、真実の花になほ遠ざかる心なり」

第一年来稽古条々

――一時の花を本当の花と勘違いしてしまう心こそ、真実の花を咲かせることから遠ざけてしまうのである。――

二十代の前半から半ばにかけては、新鮮さも手伝って、まわりからちやほやされがちだ。前途有望な若者と見てもらえたのだから、それ自体は悪いことではない。けれどもそれを実力と勘違いして、天狗になってしまったとしたら、本来、開花させることができたはずの才能すら失ってしまう。今もよく聞く話だけれども、600年以上前に、まさにぴったりの警句をこの言葉は発している。

世阿弥は能の魅力を「花」にたとえた。時としてその花は、まるで奇跡のように花開く。たとえば、能の稽古を始めて間もない、十歳未満の頃だ。かわいらしい姿と、声変わりする前のいたいけな演技は、もう、それだけでファンをうっとりさせる。

けれどもこの花は、その年頃に咲いた、一時の花にすぎない。やがて体躯が伸び、声変わりした頃にはすっかり消え失せてしまう。

だが、ふたたびこの時分の花が咲くときが訪れる。それが、二十四、五歳の頃だ。すっかり身体も出来上がり、役者としてひとり立ちを果たす。はつらつとしたエネルギーを感じさせる新人には誰もが期待を抱き、周りは何かと引き立ててくれる。年季の入った名人すらもしのぐ勢いだ。

しかし、それも所詮は、時分の花だと世阿弥は喝破する。むしろこの時期に、地道な努力を続けること。そうすることで、本当の芸の花を咲かせられるという。

人間国宝で文化勲章を受けたこともある文楽の故竹本住大夫さんは、九十歳を越えて現役を貫いた。住大夫さんは八十代の頃、日本能率協会マネジメントセンターの広報誌『学思』のインタビューでこんなことを語っている。

「素質のある者はえてして勉強しませんな」

（竹本住大夫）

二十代の頃、自分よりももっと上手で、才能にあふれた文楽太夫がいた。自分はむしろ下手な方で、そのぶん稽古を熱心に続けた。やがて三十代、四十代となるにつれ、若い頃にもてはやされた太夫の多くは、消えていったという。

才能のある人ほど時分の花も魅力的だ。賞味期限があるにせよ、どんどん咲かせればよい。けれども慢心が生じて、手抜きをしたり、もう自分は完成したと思った瞬間、それはあだ花になる。

目線を遠くに定め、毎日やるべきことを実行していくことが、長期的には成功を収めるし、本当の花が咲くというメッセージを世阿弥は投げかけている。

「いかなる上手なりともいまだまことの花をきはめぬ仕手と知るべし」

第一年来稽古条々

――――たとえどんなに素質があるにせよ、まだ誠の「花」を極めきれていない役者であると自覚しなければならない。――――

幼少期や二十代、つかの間に咲くのが時分の花。これに対して、三十代半ばに開花するのが誠の花だと世阿弥は語る。

これは必ずしも芸の絶頂期というわけではなさそうだが、この頃までに名声を得ていることが大事だという。

この句は、いくら自分では実力があると思っていても、いまだに世間に認められていないとしたら、これまでを振り返ってさらに精進しなければならないと読み取りたい。

世阿弥自身、この『風姿花伝』を記したのが三十八歳の時とされ、すでに足利将軍が臨席する舞台で能を舞い、名実ともに充実の時を迎えていたようだ。

今を生きる私たちもまた、この年齢にさしかかったら、実力もさることながら、外部からのなにがしかの評価を得てしかるべきなのかもしれない。

「あの人と仕事をしたい」、「あの人についていこう」。振り返ったらたくさんの人がいたとしたら、花が咲いているということだろう。

2. 日々新しい自分になる

「上手は下手の手本、下手は上手の手本」

第三問答条々

上手な役者は未熟な役者の手本であり、未熟な役者は上手な役者の手本である。――――

まだ修行半ばの人が、一流の人に学ぼうとするのは当たり前のこと。だが一流の人も、未熟な人から学ぶべきだという視点は、なかなか思いが及ばないものだ。

世阿弥は、問答の中でこう答えている。

「技術においては未熟な役者にも良いところがあったらどんどん取り入れ、芸の持ち駒に加える。これこそ、上達するための方法論の極みといえる」

また、人の悪いところを見るだけでも、自分にとっては良い手本となるという。そして下手だといわれる人の中にも、キラリと輝く魅力を発見することができる。この人はなぜ良いものをたくさん持っているのに、上達できないのだろう。そう、考察を進めることもまた学習するうえでの一助となる。

『風姿花伝・三道』（角川出版）訳注者で能研究者の竹本幹夫氏によれば、ここで世阿弥が語っている「手本」とは演目のことだろうと推測しておられる。

名人になるということは、できるだけ「物数」、つまり演目をたくさん持っているということでもある。だが、当時の能が今と大きく違う点は、役者がそれぞれオリジナルの演技を持っていた。だから、新しく演目を身につけようとしたら、当人に指導を仰がなくてはならなかった。

ちょっとした仕草なら見て盗むこともできただろうが、ひとつの作品まるごととなると相伝しか方法がない。未熟な者が上級者に教えを請うのは、まあ、順当だろう。けれども、その逆は、プライドやら、周りの弟子たちの手前やらが邪魔をして、なかなかできることではない。

しかしそんなことを気にしているようでは、真の名人とはいえない。どんなレベルになったとしても誰からでも学べるかどうか。それが昨日までの自分を超えていくことになるのだと、世阿弥は暗に語っているようだ。

「ただ、花は、人の心にめづらしきが花なり」

第七別紙口伝

――花というのは、観客にとって新鮮に感じられるものだけが花なのである。

能の感動を花にたとえ、どのように咲かせるかという奥義が、この『風姿花伝』のテーマだ。

若さゆえの「時分の花」、至芸に達した誠の花、老木に咲かせる花。さまざまな種類があるけれど、その正体は、見る人の心に宿るものだという。

「観客にとって新鮮と感じられるもの」が花だということは、咲かせる努力には終わりがないということだ。

私たちは一度成功をおさめると、どうしても、そのまま続けたくなるものだ。けれども、それでは成長も発展もない。そのうち飽きられてしまうだろうし、もっと魅力的な花を咲かせるライバルにすっかりお株を奪われてしまうだろう。
成功体験にとらわれず、いつも自ら変化を起こしていく。それは、チャレンジングなことである反面、好奇心を刺激してくれる。そこから見たこともない花がまた咲くのだろう。

「住する所なきを先づ花と知るべし」

第七別紙口伝

能もまた、決してひとつのところに安住すべきではないし、その姿勢が花と同じ感動を呼ぶのである。

「親子で違うものを作るのは作家。父の仕事を再現するのが家の職」

（喜多川俵二）

こちらも先ほどの故竹本住大夫さん同様に、日本能率協会マネジメントセンターの広報誌『学思』でのインタビューで、有職織物の喜多川俵二さんは、そのように語っている。

伝統芸能は百パーセント、同じものが引き継がれるのではない。時代背景と共につねに革新が起きている。その伝統と革新の両方を調和させたものだけが今も生き延びているといえる。

「家の職」に近いと思えるビジネスでもやはり似たような話を聞く。室町時代から続く和菓子のとらやの味は、やっぱり時代と共に少しずつ変わってきているそうだ。変わってないようで、じつは「とらやらしさ」というゾーンを外さない範囲で、人々の好みに合わせながらちょっとずつ変えているという。

こうした定番の味を一気に変えると、ファンから文句が出ることがある。百周年を記念してコカコーラがある日突然、甘口のニューコークに変えてしまった。すると大反対が起こり、わずか二カ月あまりで元に戻してしまった。

しかし、元に戻ったコーラですら、時代の嗜好に合わせてちょっとずつ変えているのだろう。ロングラン商品として親しまれる商品は、たいていそうだ。私たちは気づかないだけで「やっぱりこれだね」などと喜んでいる。

伝統と革新の妙味とは、なにも芸能だけにかぎったことではない。世の中で長く愛され続けるものは、かならず進化し続けているのだ。

「ただ、時に用ゆるをもて花と知るべし」

第七別紙口伝

ただ、その時に求められるものこそが花なのだと知っておこう。

これは「別紙口伝」の結びの一句、ということは『風姿花伝』全体を締めくくる言葉でもある。

誠の花といっても、特別な芸技があるわけではない。刻々と変化する観客の期待に応える工夫そのものが花なのだと、ここに至って、世阿弥は達観するのである。

実際のところ世の中に良いも悪いもなく、状況とタイミングに応じ、必要とされるものが良いもの、必要でないものが悪いと言うにすぎない。

「こちらでこんな能をもてはやしたかと思えば、あちらではまた別の演目を喜ぶとも言っている」と世阿弥は言う。

相手がどんなものを期待しているかを観察して、それにふさわしい出し物をぶつける。もちろん状況によってアレンジも変えてみる。そのような芸当は、多彩な出し物を取りそろえていて初めて可能となる。また、人生のその時々に咲いた花も持ち続けているからこそ、「よし、ここではこんな感じでいってみよう」という決断もできるのではないだろうか。

世阿弥にとって、この「花とは何か」についてひとつの結論を得られたことが、『花鏡』など、晩年期に新たな能楽論を記す道しるべになったと言われている。

「ただ返々初心を忘るべからず」

第七別紙口伝

――念を押すけれども、大切なのは初心を決して忘れてはならないということだ。――

世阿弥が言ったと知っているかどうかはともかく、「初心忘れるべからず」を好きな言葉に挙げる人は多いことだろう。一般には、学び始めた頃の謙虚な気持ちを忘れないように、という意味に捉えられているけれども、もともとは、違うメッセージが込められていたようだ。

世阿弥が説く初心とは、人生のその時々にふさわしい芸を身につけるために経験した苦労や未熟さを恥じ入る心だ。だから人生の中には、いくつもの初心があるということだ。

まだ年端もいかない頃に一生懸命身につけた「是非の初心」、それに慢心することなく芸を身につける「時々の初心」、そして老いてもその時の自分がやるべき「老後の初心」という三つを、世阿弥はとりわけ大切にした。

この初心不可忘論は、世阿弥が六十歳頃に記したとされる『花鏡』の中で詳しく書かれている。しかしすでに、それより三〇年ほど前の『風姿花伝』で、大切な能芸論のひとつとして世阿弥が意識していたということだろう。

3. 思い通りにいかない時に

「能を捨てぬより外は稽古あるべからず」

第一年来稽古条々

――能をあきらめないという以外に、もはや稽古らしい稽古の手立てはない。

声変わりの時期を迎えると、能役者を目指していた少年は突然、壁にぶちあたる。幼年時代にあったあの愛くるしい姿すらも、一気に変わってしまうのだ。

当然、舞台受けもよくなくなり、観客ががっかりしているのが本人にもよくわかる。もう、能をやめてしまおうかと思いたくなるのもわかるだろう。

今まで普通にできていたことが、急にできなくなることはある。どうしてそうなってしまったのだろうと原因を追及しても、自分の力ではどうにもならない場合もある。

世阿弥が提示した解決方法は、ただ、能を続ける気持ちを捨て去らないようにさせること。それが唯一、稽古といってもいいくらいだという。

アメリカの文芸批評家、バーバラ・ジョンソンという人がこんなことを言っている。

「成長は一生をかけて行う仕事です。谷間に沈んでいる時こそ、一番成長できるのです。なぜなら谷間には、肥やしがあるのですから」

（バーバラ・ジョンソン）

山あり谷ありの人生で、谷間にさしかかったらどうするか。そんなことを考えさせられることの十七、八歳頃の受難を、『風姿花伝』でもっとも印象に残る言葉としてあげる人は少なくない。

今までのやり方にこだわらず、今できることは何かに意識を向けること。大事にしてきたものがかなわなくなったらいっそ手放すことで、置かれている逆境も、新たな成長の肥やしに転成するのかもしれない。

「いかにするとも能によき時あればかならずまたわるき事あるべし、これ力なき因果なり」

第七別紙口伝

――どんなに工夫を凝らそうと、そんなことにはかかわりなく、良い流れの時もあれば、悪い時もある、これは人の力ではどうにもならない。まさに、因果としか言いようがないものだろう。――

ここで言う「良い時と悪い時」というのは、さきほどの「人生には山もあれば谷もある」という意味とは違う。

最高の技能を持つ人が入念に準備をし、理想的な条件で懸命に舞ったとしても、失敗することがあると言っているのだ。世阿弥という最高の能を演じることができる役者が語るから説得力もある。

彼ですらそうなのだからと考えれば、仕事で大失敗をした時など大きな慰めとなるだろう。最善を尽くして、時の運に身をゆだねる。うまくいってもいかなくても、淡々と日々の仕事に携わることができれば、一歩達人に近づけるのかもしれない。

第三問答条々

「生得あがる位とは、長、なり、嵩、と申すは別の事なり」

―――生まれつき備わっている格を「たけ（長）」と言い、芸の品格のことである。一方、これと区別して「かさ（嵩）」というものがある。―――

世阿弥は仏教の九品にならい、能における芸の段階を九段階に分けて捉えていた。それなら、役者の芸位をどうやって計ればよいか、という質問に答えたのがこのくだりだ。

芸位を決定づけるものには、「長（たけ）」と「嵩（かさ）」の二つがある。生まれ持った部分を「たけ」といい、これはつねに変わらない。あるいはどうにもすることができない。これに対し、自分の力で変えていくことができるのが「かさ」だ。

面白いのは、世の中の多くの人々はこの「たけ」と「かさ」を混同していると、このくだりで指摘しているのである。

変えられない「たけ」に執着してもどうにもならない。それよりも稽古でいくらでものばせる「かさ」に力を注ぐことで、自然と芸位も上がるということだろう。

たとえば、上司や先輩を自分のロールモデルとするのは素晴らしいことだ。けれども、自分にない資質までまねようとしても、変えることはできず、早晩挫折する。変えられるものにエネルギーを集中することで、結果的には評価も高くなっていくことだろう。

第六花修に云わく

「幽玄の理を知りきはめぬればおのれと強き所をも知るべし」

──幽玄に演じるための道理を理解し、それを極めれば、自然と強い演技もできるようになる。──

美しく、柔和な姿。それが世阿弥のいう幽玄であり、本書のあちこちに登場する言葉だ。のちの著書『花鏡』では、「ことさら芸当において、幽玄の風体第一とせり」とも記し、能では幽玄の姿こそが、いちばんの見せどころとしている。

どうすれば幽玄に演じられるだろうか。幽玄にものまねをしようと、そこだけに執着すると、弱々しい演技になる。けれども、美女や草木といったものまねの対象にある本質をまねようとすれば幽玄になるという。

第七別紙口伝ではここをさらに補足し、幽玄な様子をまねる時は、強い気持ちを忘れてはいけないと述べている。

そして幽玄さがわかってくると、強さとはどういうものかもわかってくる。武者や鬼のたぐいは強いイメージがあるが、いきおい荒い演技になってしまいがちだ。そこで幽玄に演じる道理を知ってそれを極めれば、自然と強い演技もできるようになるという。

何かに取り組んでいて壁にぶつかったら、あえて対極にあるものに挑戦してみるのも、現状を打破するひとつの方法かもしれない。

4. 負けられない場面で

「一切の事に序破急あれば、申楽もこれ同じ」

第三問答条々

――そもそも一切の事柄には、「序破急」つまり、導入、展開、結末という流れが適用されてしかるべきで、能においても例外ではない。――

これは、能の演目をどういう順序で構成するかということについての説明だ。まず、序のゆっくりした趣の作品から始める。次に、破となり、テンポがよい見応えある作品で盛り上げる。そして最後に急では、できる限りの技能を凝縮して幕となる。

序破急とはもともと雅楽の用語で、演奏する曲の順番をどう組み立てたらよいかという方法論だ。それはやがて、連歌にも応用されていった。さらに世阿弥は、公演プロデューサーの視点から、序破急という考え方を取り入れた。ちなみに序破急とは熟語ではなく、序、破、急という個別の言葉だ。

このように、表現したいことを三つの塊に分けて、状況に応じて構成を変えながら伝える。これは現代の私たちにとっても役立ちそうだ。

とりわけデジタル化が進むビジネスの世界では、最初の数行、ないしは数秒で、聞き手にとって有益な情報を伝えられなければ、最後まで見聞きしてもらえない。プレゼンテーションをどう構成するかはもちろん、レポートの論旨の組み立て方、ビデオクリップの作り方など、序破急はまさに、示唆に富んだ秘伝と言えそうだ。

「陰陽の和する所の境を成就とは知るべし」

第三問答条々

――一切の物事は、陰と陽とが調和する境のところで成就する。――

きょうの舞台がうまくいくかどうか、世阿弥ほどの名人になってもやはり始まる前は気がかりだった。公演を必ず成功させるための秘儀として、会場の空気を観察すべきだとここでは語っている。

たとえば、昼というのは明るい陽の気運に満ちているから、場を落ち着けて気持ちを舞台に集中してもらうために、静かな陰の気をもたらす演技で臨むとバランスが取れる。夜に行う能では基本的にこの逆のパターンとなる。

能という観客と向き合う芸能では、相手がどのような状態なのかを観察することはとても大事なことだ。そのうえで陰と陽とを調和させるという発想は、とてもフレッシュな印象を与えてくれる。

人前で話しをする前に、少しだけこの陰陽の視点を意識すれば、好結果につながるかもしれない。

「いかなる名木なりとも花の咲かぬときの木をや見ん」

第三問答条々

――どれほど銘木であろうとも、人は花が咲いていない時の木など見はしない。

名人と言われるほどのベテランが、駆け出しの若い役者に負けてしまうことがある。これはいったいどういうわけかという問いに答えて、「それは、名人の花がもはや失われてしまったからだ」と世阿弥は言う。

対照的に、荒削りで未熟だったとしても若いエネルギーはあなどれないものがある。たとえそれが、ありふれた桜であっても、新しい花が今を盛りと咲き誇っているとしたら、観客は必ずそっちのほうに目を奪われる。そのようなわけで、大番狂わせが時として起こるというのだ。

逆に見ると、これは実績のない初心者が大物を相手にする時の戦い方を示唆している。どんなに勝ち目がなくても、一点に集中し、得意と思うものをぶつけてみる。そこに勝機が生まれてくるのではないだろうか。

「かやうに敵人の申楽に変へてすればいかに敵力の申楽よけれどもさのみには負くることなし」

第三問答条々

――――このように相手方と曲相を臨機応変に変えることで、たとえ相手の猿楽が上出来であったとしても、おいそれと負けることはない。――――

世阿弥の時代の能は、「立ち会い」といって、相手と演技を競い合う場面もたくさんあった。そうした競演で、どう戦うかという心がけを示した文言がこれだ。

おそらく立ち会いと言うからには、実力は互角。先行の敵方が思いのほか喝采を浴びたとしたらどうか。

世阿弥のアドバイスは、相手の演目と異なる趣を持つ作品で応じよというもの。一種の上書き効果と言えるもので、場の雰囲気はがらりと変わる。そうすればそうそう負けることはない。こちらの演技がうまくいったなら、必勝も間違いないと言う。

相手と同じ曲相の出し物で張り合おうとすると、どうしても二番煎じの感は否めない。だから、日頃から仮想敵が繰り出してくると思われる演目を想定し、違うおもしろさを持つ作品を投入できるよう準備をしておくこと。ともかく物数、つまり演目を増やしなさいと本書の随所で言っているのは、そういう理由もあると言える。

それだけではなく、和歌をたしなんでそれをもとにした自作の演目を持てという。自分の持ち味を最大限に引き出すオリジナルの勝負演目を携えて立ち会いに臨めば、少なくとも惨敗は免れる。弱含みと見た立ち会いをいかにドローに持ち込むか。負けないことは、勝負でとても大事なことだ。そうした工夫が勝機へと導いてくれると言えるだろう。

「秘すれば花なり。秘せずば花なるべからず」

第七別紙口伝

――花があるということを人に隠せば、それが花になる。秘密にしないことには、花になりえない。――

有名なくだりだが、意外と読み解くのは難しい。と言うのも、この言葉はイメージが湧きやすいので、直感的には、「夜目遠目」、つまり、見えそうで見えないことが、よけいに美しいのではと思ってしまう心理を突いているようだ。ミステリー小説で言う伏線のようなものにも似ている。つまり、期待を持たせること。

ビジネスのシーンでは、「この日、何かが起きる！」というたぐいのキャンペーンなどがそうだ。こうした「ご期待ください」というアプローチは、受け手の関心をつなぎ留めるうえで、効果的な手法だろう。だが、このくだりを注意深く読むと、まったく異なるメッセージが浮かんでくる。それは、観客に期待をさせてはいけないこと。もっと言えば、観客に感動する準備を与えるな、ということだ。

世阿弥はこう言っている。観客があらかじめ花を今か今かと待ち望んでいたとしたら、じっさいその花を見せたとしても、さほど感動は起こらない。そのような意識をさせず、ただもう素直に「ほう、おもしろいなあ」と感動してもらえたとしたら、それこそが役者にとっての花なのだという。

とはいえ、こうした感動は、前提として演じる側と見る側の間に好ましい経験が蓄積されていること。言い換えると、役者が観客の期待に応えてくれるレベルだと、ファンに認識されていること。そのうえではじめて期待を超えたサプライズになるのであって、信頼関係が醸成されていなければ、単に荒唐無稽な演技ということになってしまうだろう。

花を隠しておく、つまり、敵に油断させておいて勝つというのは、ビジネスの鉄則でもある。だが、そのためには、毎日のひたむきな地固めができていてこそ成功すると言えないだろうか。

第七別紙口伝

「時の間にも、男時、女時とてあるべし」

――長い人生はもちろん、ほんの一時ですら、勝負の神がこちらに来る男時と、離れる女時とがある。あせらず力を蓄え、反転攻勢に備えよう。――

打つ手がすべて思い通りに、いやそれ以上にうまくいくときがある。反対に、何をやってもうまくいかない時というものがある。私たちはみな、経験から、なんとなくそういう運気の浮き沈みのようなものがあることを知っている。相場師の格言では、「もう、はまだなり。まだ、はもうなり」や、「株を買うより時を買え」などが思い浮かぶことだろう。

能の世界でも同様で、世阿弥は、運がついている時を「男時」、運が離れている時を「女時」と定義している。

これに加えて世阿弥は「第三問答条々」の第一問で、陰陽という考え方を用いて、勝負事のかけひきの大切さを説いている。

また、「第六花修に云わく」では、最高の条件を満たした舞台で、上手な役者が最高の作品を舞っても、うまくいかないことがしばしばあるが、その理由についてもっと考えてみたいというくだりがある。

このように、舞台が首尾良くいくかどうかについて、世阿弥は日頃から注目し、必勝を期して研究を重ねていたようだ。この「男時・女時」で、世阿弥は勝負の神様が味方する瞬間を逃さず、行動しようということを説いている。

しかし、それは決して、人の力の及ばない因果に身を任せろと言っているのではない。自分の努力ではどうにもならないことがあることを知り、そのうえで、好機が巡って来るのを待つこと。そして、今こそ勝負だという時に、最高のパフォーマンスが出来るよう、日頃から稽古を重ね、準備をしておくことが大事だと述べている。

「上手も下手もたがひに人に尋ぬべし」

第三問答条々

――上手な者も下手な者も、もっと他人の意見に耳を傾けるべきだろう。

上手な人も自惚れると自分の欠点を見過ごしてしまう。下手な者は、自分の欠点はおろか、せっかくの長所すら気づかない。だから、上手も下手ももっと人の意見に耳を傾け、自分を客観視すべきだと言う。

この教えから連想されるのは、世阿弥が後年、『花鏡』で記した「離見の見」という有名な言葉だろう。

自分の視点が我見、相手の視点が離見、それらを俯瞰から眺めるのが離見の見だ。全体の中で、自分の立ち位置や行動を客観視するマクロな視点といえるだろう。

企業でいうならブランド認知、どう消費者に見られているかということ。調査してみると、自分たちが抱いていた企業像と、消費者が想起するイメージとがけっこうずれていたりするものだ。そのギャップを知ったうえで、あるべき姿を描き出す。

自分を客観的に見ようとすることそのものが、良い効果を現わすという人もいる。スポーツ科学の辻秀一先生は、第三者の目で今の気持ちを眺めてみることが、心の落ち着きをもたらすと語っている。

たとえば、「今、俺、緊張しているな」と気づいた瞬間、平常心にすーっと戻る。あるいは、「今、イラッとしたなあ」と客観視するだけで、怒りが収まるという。一流の選手は大舞台に臨む時、つねに「今、どんな気分?」と自分に問いかけるのだそうだ。

ここぞ、という場面で持っている力を十分に発揮するには、自分を客観的に見る目を養っておくことが大切なのだろう。

5. 道のため、家のために

「花は心、種はわざ、なるべし」

第三問答条々

――花を知ろうと思ったら、まず種の何たるかを知るべきだ。――

種から草花が芽生えて花が咲く。能の花も同じで、咲かそうと思ったら種を手に入れなければならない。その種はどんなものかというと、あらゆる舞台に応えることができる「わざ」、つまり技能がぎっしりと詰まっている種だと世阿弥は言う。

花は心の工夫で咲かせるもので、種はその工夫を可能にする稽古のこと。だから、たくさんの能を演じて、稽古を徹底的にやらなくてはならない。それなのに、花を咲かせることばかりに終始し、種を得る事を忘れれば、それは切り花を飾るようなもの。程なく枯れ果てて、芸の道は絶たれてしまう。

「花」、つまり人に感動を与えるめずらしさや新鮮さは、心の中で創り出すアイデアがコアになければならない。これはとても大事なことだ。

これに対して、その花を表現するのは鍛錬された技術だ。これが種にあたるもので、これまた大事だ。「花と種」、どちらも揃わなくては人を感動させることはできない。花と種、アイデアと実行力、思考と行動、いろいろな対比が思いつく。美しくてシンプルだけれども、なかなか広がりのある言葉だ。

「申楽舞を奏すれば国おだやかに民しづかに寿命長遠なり」

第四神儀に云わく

――猿楽舞を奏でると、国土は平和となって民が平穏に暮らすことができ、長寿を全うする。――

平安時代、村上天皇が国家事業として能の振興を図った。その際、よりどころとしたのが、かつて聖徳太子が記したとされるこの一文だった。

『風姿花伝』の第四では、猿楽の起源について二つのいわれが記されている。ひとつは天岩戸伝説で、もうひとつはインドに伝わる祇園精舎の話だ。

興味深いことに、両者には共通点がある。天岩戸伝説では、太陽を司る天照大神が岩戸に籠もってしまい、この世の中が真っ暗闇になってしまった。この絶望的な状況で、一人の神が進み出て天照大神のご機嫌を取ろうと神楽を舞い踊った。これが日本における猿楽の起源とされる。

また、インドでは、仏陀の弟子が祇園精舎を寄進しようとした際、それをねたむ者たちから妨害にあった。彼らの気を引きつけるために踊り、舞ったのが猿楽の起源となった。

どちらにも共通するのは猿楽が危機を救い、おだやかな状況をもたらしたということ。その考えは聖徳太子の時代から村上天皇の時代へと引き継がれ、やがて世阿弥へとつながっていく。世阿弥は、能とはあらゆる人々を和ませ、身分の上下なく感動を与えるという志を終生大切にした。

企業にも、その事業が社会に何を提供しているかというコアバリュー、あるいは提供価値がある。それは企業活動の土台をなすもので、その上に事業戦略が築かれるといって良いだろう。そして、コアバリューは多くの場合、創業者がなぜその事業を始めたのかという、創業の理念と深く関わっている。

世阿弥の能が生涯ぶれることがなかったのも、このコアバリューが明確だったからではあるまいか。

第五奥義に云わく

「衆人愛敬をもて一座建立の寿福とせり」

――多くの人々に愛され、親しまれることによって、一座が成り立っているわけである。――

観音様をよく供養して女の子を産めば、その子は美人で幸福にも恵まれ、誰からも愛されるだろう。この教えが、法華経にある「衆人愛敬」という一言だ。

世阿弥はそれを、芸能が本来あるべき姿として見ていた。それは人びとの心を和らげ、身分の上下を超えてみんなが一体感を共有できるもの。だから、大衆に愛されることこそ、一座を支えているのだという意味をこめて、この言葉を記している。

当時の能は、貴族や武家など位の高い人びとをパトロンにすることで運営が成り立っていた。けれども世阿弥は、そうした目の肥えた人々だけに受ければじゅうぶんだとは考えなかった。

特別な階級だけでなく、一般の人々に広く支持されてこそ、能は栄える。京の都を遠くは離れた人里だろうが、ささやかな諸社の祭礼だろうが、どこでも喝采を受けなくてはならない。亡き父観阿弥の姿勢からそんな理想を学んだと世阿弥は吐露している。

もちろんそれは、妥協や迎合という安易な手段に走ることではない。その場の雰囲気を直感的に読み取り、そこに自分を合わせて演じる。人を楽しませ、感動を呼び起こすという能本来のありようはそういうものだ。そのような役者でなければ一座を盛り立てていくことはできないのだと言う。

時代の風を感じ取り、新しい魅力を発信していくこの姿勢は、現代の私たちも大いに励まされる。

そしてもう一つ、この言葉には込められた意味がある。それは、人生、落ち目になったり、鳴かず飛ばずになったりした時の対策だ。

どんなに一世を風靡しようとも、どんなに心を戒めながら努力を続けようとも、自分の力ではどうにもならない「女時」に陥り、忍耐を強いられる時期が必ずある。時には都落ちの憂き目にも遭うことだろう。けれども、田舎や遠国での人気が支えとなってくれたなら、自分の芸が絶たれてしまうことはない。自分をフォローしてくれる大衆さえいれば、いつかまた機会は巡ってくるということだ。

「心より心に伝ふる花なれば、風姿花伝、と名付く」

第五奥義に云わく

――能の魅力とは、正しい伝統を踏まえながら、その一方で言葉では伝えきれない部分を心から心へと伝える、芸の神髄とも言うべき花なのである。だからこそ、私は筆を執り、本書を『風姿花伝』と名付けたのである。――

演劇や音楽といった無形文化財は、演じた瞬間から消えてしまう存在だ。その形のないものを、師から弟子へ伝える際、明文化することで技の部分はある程度、再現性を持たせることができるだろう。

けれどもそれだけでは、じゅうぶんではない。ふだんは表面に出ることのない心に宿るものを伝えていきたい。そのような思いがあって、世阿弥はこの本をしたためたと言っている。

もし、技術的なハウツーだけだったとしたら、こうして時代を超えて読み継がれることもなかっただろう。心から心へと伝わってきた大きな花を、今、私たちは手にしている。そう思うと味わいもまた格別だ。

「家、家にあらず。継ぐをもて家とす。人、人にあらず、知るをもて人とす」

第七別紙口伝

――家の道が続いていくのは、血筋だけのつながりによるものではない。その道を伝えてこそ家と言えるのである。――

たとえたった一人しかいない子どもだったとしても、その器でない者には伝えはしない。風姿花伝七編の最後の最後を締めくくる、一子相伝のくだりだ。ここまで言い切ってしまうと、非情さを通り越して、いっそすがすがしささえ感じられる。

もっとも、世阿弥がこのように断言してはばからなかったのは、当時の能が置かれていた事情にもよるようだ。

将軍をはじめとする高貴な人々から贔屓《ひいき》にされ、さまざまな支援を取り付けなければ、能一座の運営はおぼつかなかった。競争社会の中で、家門を継いで行く者は、人気、実力、芸への姿勢のすべてにおいて抜きん出ていることが求められたわけである。

後継者を決めることは、こんにち、経営者のもっとも大切な仕事の一つといわれる。日本の中小企業では後継者不足が深刻で、二〇二五年までに127万社が廃業するリスクに直面していると中小企業庁は試算しているそうだ。

世阿弥のこの言葉が、後継者を探すうえで適切かどうかはわからない。けれども、事業の継承を考える前提として、企業が生き延びていくということはどういうことなのかを、はっきりさせておくべきだと教えてくれる。

社名やブランドを残したいのか。商品やサービスを残したいのか。それとも技術やシステムなのか。そこを絞り込んではじめて、継承すべきもの、捨てるべきものも見えてくるだろう。

さて、世阿弥はいったい誰に家督を継がせたのだろう。「別紙口伝」の最後には、「この別紙口伝のすべての内容は、かつて弟四郎が相伝したものであるけれども、元次もまた能のすぐれた達人であるので、ふたたびこれを伝えることにした」とある。元次とは世阿弥の長男、十郎元雅の初名だとされる。

「なんだ、結局、わが子に譲ったのか」と思うのは早計である。この元次が「別紙口伝」を伝えられた時、まだ二十歳にもなっておらず、早熟の天才と言われ、相伝するにふさわしい人物だった。

いろいろな雑音を制して迷わずわが子を後継者に指名することができたのも、やはり、芸を残せる者に限るというゆるぎない方針を立てていたからに違いない。

6. ひと回り大きな花へ

「脇の仕手に花をもたせてあひしらひのやうに少々とすべし」

第一年来稽古条々

――脇の役者に花を持たせ、むしろ自分は引き立て役のように、控えめに演じればよい。――

四十代半ばからの能の心得についてのくだりである。この年代になると、どんなに名声を博していたとしても、頼れる若手をパートナーにしたほうがよいと世阿弥は語っている。まだ技能が急に衰えるわけではないけれど、見た目や体力など外見にも少しずつ、おやっと思うようなことがおきてくるもの。自分自身の経年変化を素直に認められることは、脳がまだ若い証拠と思いたい。

四十五歳前後は、ずっと最前線に立ってきた時分を振り返り、仕事のしかたを見直す良い機会だ。年相応の動きを見せ場とし、後輩たちを後ろから見守ることで、存在感も増すことだろう。それがこの年代に咲かせる花だといえる。

第二物学条々

「ただ鬼のおもしろからん嗜み巌に花の咲かんがごとし」

――もし、鬼をおもしろく演じられる心得を掴めたとすれば、その舞台はまるで岩の上に花が咲くような趣となるだろう。――

上手に演じれば演じるほど、つまらなくなる。それが鬼のものまねをする際の大問題であると世阿弥はいう。鬼とはおそろしくて恐いもので、おもしろさとは正反対だからだというのだ。実際には、鬼のものまねは大和猿楽の看板演目といえるもので、世阿弥の得意な出し物だった。なにしろ難しい演目なので、研鑽を積まなければならない。けれどもそこに落とし穴があって、上手に演じようとするあまり、おもしろくなくなると語っている。だとすれば、ここでいう岩の上に咲いた花は、困難さというより、めずらしさのたとえではないだろうか。

世阿弥は後年、「非風是風」と言っている。これも有名な言葉だけれども、修行を積んだ役者が正攻法で舞うのが「是風」。これに対して突拍子もないことをぽっと出すのが「非風」だ。下手な者が「非風」をやれば、悪手にすぎない。けれども、上手な者がほんのちょっと劇薬を盛るような案配で演技に加えると、それこそ劇的効果が表れる。まさにめずらしさの花が咲くというわけだ。

能力があって仕事もきっちりやる人が、ふと垣間見せる意外な一面も、その人の人間的な魅力を発見するきっかけになったりする。仕事の鬼といわれ取っつきにくい人にも、もしかしたら岩に咲く花が咲く時があるのかもしれない。

「花の萎れたらんこそおもしろけれ」

第三問答条々

――――咲いた花がしおれるからおもしろい――――

「しおれた」という風情は確かにあるけれど、具体的にこんな演技だとは言い切れないと世阿弥は答えている。あくまでも、花を極めたうえで悟ると言ったほうがふさわしい。確かなことは、花がある演技よりもさらに上の境地ということ。このように説明しているのだが、なんとなく歯切れがよくない。

謎を提示しただけのようでもあり、それが、かえって後世の私たちに、「しおれの美学」とは何だろうという好奇心をかき立ててくれる。わびやさびの境地のことだろうか。いや、それなら、「老木に咲く花」のほうが似つかわしい、といったふうだ。

世阿弥もそれを承知なのか、「どのような演技がこれに相当するのか、心の中で考えを巡らせてみるとよいだろう」と締めくくっている。

スピーチやプレゼンテーションの場面でも、こういう魅力の見せ方もある。あえて答えをぜんぶ語らず、相手が想像力を膨らますような含みのある提示の仕方だ。

「花と、面白きと、めずらしきと、これ三つは同じ心なり」

第七別紙口伝

——花を愛でる気持ちと、おもしろいと思う心と、新鮮な感動とは、どれも同じ心から発するものなのだろう。——

能の舞台には花がなくてはならず、おもしろく、めずらしいと見る人に思ってもらわなくてはいけないと世阿弥は語っている。人を引きつけるには、いつも真新しさを演出することが、必要となるという。それが実際何なのかまでは語られていないけれど、この別紙口伝では、どのようにおもしろさやめずらしさを出せばよいかというヒントは、あちこちにちりばめられている。

たとえばこの別紙口伝の二段落目で、「歌詞はきちんと決まっていて変更の余地はないけれど、曲のほうは工夫次第で新鮮味を出すことができる」とある。また、「舞いの場合にも、手の動かし方には習った通りの型がある。けれどもそれ以外は、風情を出すうえでいろいろと工夫のしがいがある」と述べている。

企画書でも、論文でも、あらゆる提案は、新発見か、新解釈かのどちらかしかないと言われる。新発見やイノベーションはそうそうあるものではない。けれども新解釈は、切り口を変えるということだ。基本をしっかり修得した上で、少しだけ工夫を入れてみる。そうすることで、ぐっとおもしろくなったり、これはめずらしいと相手に与えたりすることができそうだ。

白紙から何かを生み出すのではなく、今、あるものにアレンジを加えることで、独創性が生まれてくるのではないだろうか。

「この理を知ること、まことのものまねなり」

第七別紙口伝

――このような世間の道理を知ることこそ、本当のものまねである。

鬼の演技と同じで、老人を老人らしく演じるようになれたとしても、それだけでは見ていてちっともおもしろくない。またしても、身も蓋もないことを世阿弥は述べている。

確かに、腰や膝をかがめてよぼよぼと上手に演技ができたとしても、そこに花があるとも思えない。それでは、どうするか。むろん、これにもちゃんと対策があり、ものまねをする対象の本質を見なさいと世阿弥は言う。

世間の老人たちはとかく若いふりをしたいものだ。けれども身体が気持ちについていかない。この心情を見抜いて、演技の中で表現すればよいというわけだ。

その極意とは、音楽の拍子にあわせて足を踏んだり、腕を差し引きしたりする身ぶりや演技をワンテンポ遅らせる。この演じ方ができるようになれば、がぜん年寄りっぽさにリアリティーが増す。まさにものまねの本質に迫ることができるというわけだ。
むろんこの「年寄りの若ぶり」という芸の境地は、微に入り細にわたりものまねを修得したうえで、気持ちのレベルでの微調整した演技ということになるのだろう。
独創性や創造性は、徹底した模倣と、そしてものごとの本質を見極めることで到達できることだと言える。

「年々去来とは幼かりし時のよそほひ初心の時分のわざ手盛のふるまひ年よりての風体この時分時分のおのれと身にありし風体を皆当芸に一度にもつことなり」

第七年別紙口伝

――毎年咲く花とは、たとえば幼い頃の芸事、役者として舞台に上がり始めた頃の演技、脂が乗り切った三十代前後の頃に見せた技量、歳を取ったあとの演目など、年代ごとに自然に備わっていた芸があるはずだ。そのすべてを、今、この時の演目として一度に持とうということなのである。――

能の演目である「十体」を完全にマスターし、そのうえこの「年々去来」の花をしっかり持っておきなさいと世阿弥は言う。「年々去来」の花とは、幼年期から老年に至るまで、その時々の芸を指す。

難しいことと前置きしながらも、それらを今現在の芸の中で必要なときに自在に咲かせてみよと、世阿弥は語っている。実際に、彼は四十代の父観阿弥が演じる主役が十六、七歳に見えたと言っている。

さて、入社したての頃の失敗や赤面する経験は誰にもある。しかし、ただ未熟であったというのではなく、今はすっかり忘れてしまった一途さがあったと、歳を取ってから気づくこともある。あるいは、リーダーになったばかりの頃も、なんだか妙に張り切っていたなあと思い出す方もおられることだろう。誰の若い頃にも、花はあったのである。

今この瞬間、それぞれの時代のモードに自在に入れるとしたら、それはそれでおもしろいことだろう。人間の身体には、生まれてこのかた、すべての時間、すべての出来事が内在していると言う人もいる。

「あの頃の自分」は、いなくなってしまったのではない。影を潜めているだけなのだ。そう思うと人生が豊かになるような気がしてこないだろうか。

序

「夫れ申楽延年の事態その源を尋ぬるに」

――猿楽と呼ばれる芸能は能の原形とされ、もともとは長寿延命を願って演じられたと言われる。その源をたどると――

能の起源を、あっさり言祝《ことほ》ぐ序文は、まるで「序破急」の「序」を地で行く出だしだ。能に造詣《ぞうけい》が深かった随筆家の白洲正子さんは、「誰でも書けそうな気がするけれど、この本を最初から最後まで読んで再び序文へ還ってくると、この簡潔でわかりやすい文章の中にすべてが言い尽くされていることに気づく」と述べ、「全文を記した後に序文を加えたのではないか」と推測している。

それは始めの言葉でありながら終わりの言葉でもある。

世阿弥が最後にたどり着いた秘伝とは、万人に共通な人としての良識だった。至りに至って、ついに平凡に達したのだという。

せっかくだから、最後まで読んでくださったあなたも、もう一度序文に還って世阿弥の秘伝を味わい直してみてはいかがだろうか。

参考文献

『花伝書』世阿弥 著、野上豊一郎 校訂　岩波文庫
『風姿花伝』世阿弥 著、野上豊一郎・西尾 実 校訂　岩波文庫
『風姿花伝・三道　現代語訳付き』世阿弥 著、竹本 幹夫 訳注　角川ソフィア文庫
『風姿花伝』市村 宏 全訳注　講談社学術文庫
『風姿花伝（いつか読んでみたかった日本の名著シリーズ⑨）』世阿弥 著、夏川賀央 現代語訳
致知出版社
『現代語訳 風姿花伝』世阿弥 著、水野 聡 翻訳　ＰＨＰ研究所
『髙田明と読む世阿弥 昨日の自分を超えていく』髙田 明 著、増田 正造 監修　日経ＢＰ社
『世阿弥のことば一〇〇選』山中玲子 監修　檜書店
『NHK「100分de名著」ブックス 世阿弥 風姿花伝』土屋 惠一郎 著　ＮＨＫ出版
『ビジネス版「風姿花伝」の教え』森澤勇司 著　マイナビ新書
『夢幻にあそぶ 能楽ことはじめ』松村栄子 著　淡交社
『世阿弥―花と幽玄の世界』白洲正子 著　講談社文芸文庫

[著者]

世阿弥（ぜあみ）

1363 ～ 1443 年（生没年は推定）　室町時代初期の能役者、能作者。観阿弥の長男。観世流 2 世の大夫で、幼名は藤若、後の観世三郎元清。世阿弥は芸名。父の教えと足利義満の庇護により能を大成した。義満没後は不遇で、晩年は佐渡に流されている。『風姿花伝』のほか、『花鏡』『至花道』など 20 を越える能楽論書があり、幽玄美を重視し、「花」の理論などについて説く。能作品には「高砂」「頼政」「井筒」「班女」「砧」「融」ほか多数あり、詩劇としての完成度が高い。

[編訳者]

道添 進（みちぞえ・すすむ）

1958 年生。文筆家、コピーライター。国内デザイン会社を経て、1983 年から 1992 年まで米国の広告制作会社に勤務。帰国後、各国企業のブランド活動をテーマにした取材執筆をはじめ、大学案内等の制作に携わる。企業広報誌『學思』（日本能率協会マネジメントセンター）では、全国各地の藩校や私塾および世界各国の教育事情を取材し、江戸時代から現代に通じる教育、また世界と日本における人材教育、人づくりのあり方や比較研究など幅広い分野で活動を続けている。著書に『ブランド・デザイン』『企画書は見た目で勝負』（美術出版社）などがある。本シリーズでは『論語と算盤　モラルと起業家精神』『代表的日本人　徳のある生きかた』『学問のすすめ　独立するということ』に続いて編訳。

風姿花伝　創造とイノベーション

2019年10月10日　初版第1刷発行

編訳者 —— 道添　進

発行者 —— 張　士洛

発行所 —— 日本能率協会マネジメントセンター

〒103-6009　東京都中央区日本橋2-7-1　東京日本橋タワー
TEL 03（6362）4339（編集）／03（6362）4558（販売）
FAX 03（3272）8128（編集）／03（3272）8127（販売）
http://www.jmam.co.jp/

装　　丁 —— IZUMIYA（岩泉卓屋）
本文DTP —— 株式会社明昌堂
印 刷 所 —— 広研印刷株式会社
製 本 所 —— 株式会社三森製本所

ISBN 978-4-8207-3187-0　C0010
落丁・乱丁はおとりかえします。
PRINTED IN JAPAN